왜 나는
항상 연애가
어려울까

왜 나는
항상 연애가
어려울까

박진진 지음

아프지 않게 사랑하고 싶은
당신을 위한 연애 오답 노트

애플북스

그동안 이런저런 연애서를 내고 연애 상담을 하면서 내내 한 가지가 마음에 가시처럼 걸렸다.

그건 매번 다른 사람을 만나서 연애를 함에도 불구하고 늘 비슷한 이유로 헤어지거나 상처 받는 사람들이 있다는 것이다.

성격상 나는 내 탓이오 부류가 아닌지라 모든 연애 문제도 당신 안에, 그리고 그 해결책도 당신 안에 있다는 말은 거의 하지 않았다.

《왜 나는 항상 연애가 어려울까》는 현재 연애에 문제가 있는 사람, 과거 연애에 문제가 있었던 사람, 그리고 앞으로 연애를 하려고 하는 사람들을 위한 책이다.

이 책은 연애의 정답을 알려 주기보다는 몇 가지 예시를 통해 연애 문제점에 대해 조언하고 분석하여 더 이상 같은 실수를 저지르지 않도록 돕는 책이다.

연애에 정답은 없다. 왜냐면 연애는 케이스 바이 케이스이기 때문이다. 《왜 나는 항상 연애가 어려울까》는 연애 스킬과 정답을 알려 주기보다는 말 그대로 왜 이렇게 우리의 연애가 오답이 되었는지 몇 가지 선택지를 주어서 그 안에서 우리 스스로 답을 찾아가 보자는 생각에서 출발했다. 연애를 위한 오답 노트 정도가 될 수 있을 것이다. 책을 읽는 사람 중 여기에서 나열하는 연애의 오답 중 하나라도 속하는 게 있다면, 그래서 그 부분을 자각하고 더 나아가 개선할 수 있다면 저자로서 더 바랄 것이 없겠다.

이제부터 진단, 점검, 복습, 예습 총 네 단계로 구분하여 연애의 실패를 줄이기 위한 조언을 하려고 한다. 1장에서는 이미 지나가 버린 연애가 왜 실패로 끝났는지 '진단'해 보고, 2장에서는 현재 내 연애에 문제가 없는지, 있다면 그 문제를 어떻게 해결할 것인지 '점검'해 본다. 3장에서는 앞으로 똑같은 실수를 저지르지 않기 위해 연애에 대한 올바른 선택지를 '복습'할 수 있도록 마련했다. 마지막으로 4장에서는 앞으로 다가올 새로운 연애가 실패로 끝나지 않기 위해 미리 '예습'할 수 있도록 구성했다.

아무도 울지 않는 연애는 없지만, 그렇다고 해서 모두가 다 우는 연애를 해야 하는 것도 아니다. 연애는 즐겁고 행복한 것이어야 한다. 연애하는 내내 계속 고통만 따른다면 그런 연애는 안 하느니만 못하다.

늘 그렇듯 나는 연애의 종착역이 사랑이라고 생각한다. 하지만 세상에는 잘못된 사랑도 많다. 사랑이라고 해서 모두가 다 좋고 어떤 상황에서도 허락되는 것은 아니다. 아직 세상은 편견과 오해로 가득하기에, 그리고 보이지는 않지만 규율 같은 사회적 약속이 있기 때문에 사랑에도 당연히 제약이 따른다. 그래서 바람직한 연애 같은 것은 없는지 모르겠다. 하지만 적어도 나쁜 연애, 나쁜 사랑은 있다. 만약 당신이 지금 나쁜 연애로 고통 받고 있다면, 그리고 언제나 나쁜 사랑만 하게 된다면 이 책은 아주 조금일지언정 도움이 될 것이다.

연애도 크게 따지면 인간관계이고, 인간관계는 심리학이나 정신분석학에 속한다. 그렇다고 해서 어려운 심리학 용어나 정신분석학 용어를 쓰는 일은 거의 없을 것이다. 그러니 편한 마음으로, 좋은 연애와 행복한 사랑을 위한 길잡이 정도로 여겨 주면 고맙겠다.

contents

연애 오답 노트
사용 설명서

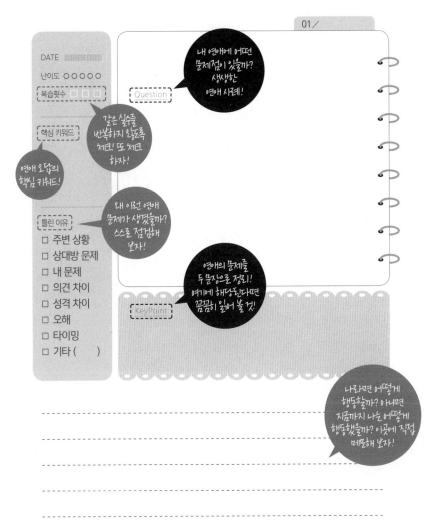

DATE

난이도 ○○○○○

복습횟수 □□□

핵심 키워드

연애 오답의 핵심 키워드!

틀린 이유
- □ 주변 상황
- □ 상대방 문제
- □ 내 문제
- □ 의견 차이
- □ 성격 차이
- □ 오해
- □ 타이밍
- □ 기타 (   )

Question

내 연애에 어떤 문제점이 있을까? 생생한 연애 사례!

같은 실수를 반복하지 않도록 체크! 또 체크하자!

왜 이런 연애 문제가 생겼을까? 스스로 점검해 보자!

KeyPoint

연애의 문제를 두 문장으로 정리! 여기에 해당된다면 꼼꼼히 읽어 볼 것!

나라면 어떻게 행동할까? 아니면 지금까지 나는 어떻게 행동했을까? 이곳에 직접 메모해 보자!

지금까지 내 연애는 어땠을까?

chapter 01

이별은 사소한
말다툼에서 시작된다

DATE ▮▮▮▮▮▮▮▮▮▮

난이도 ○○○○○

복습횟수 ☐ ☐ ☐

핵심 키워드

**말다툼,
사소한 원인,
이별**

틀린 이유

☐ 주변 상황
☐ 상대방 문제
☐ 내 문제
☐ 의견 차이
☐ 성격 차이
☐ 오해
☐ 타이밍
☐ 기타 (   )

Question

생각해 보면 우리가 싸운 이유는 지극히 사소한 문제 때문이었어요. 처음에는 별것 아닌 사소한 의견 충돌이 있었는데, 그 문제 때문에 자꾸 싸우다 보니 계속 싸우게 되고 결국 헤어짐까지 오게 된 것 같아요. 그때 전 그와 싸우는 대신 그의 의견대로 했어야 했을까요?

KeyPoint

✓ 사소한 것 때문에 자주 싸운다.
✓ 이유가 기억도 안 나는 싸움을 한 적이 있다.

간혹 단 한 번도 싸우지 않았다는 커플들의 이야기를 들을 때가 있다. 그럴 때면 부러운 마음과 함께 한 가지 의문이 떠오른다.

'정말 그들은 단 한 번도 싸우지 않았을까?'

이미 우리는 연애를 하면서 한 번도 싸우지 않는 것이 얼마나 불가능한 일인지 경험을 했기에 그들의 말이 곧이곧대로 믿기지 않는다.

연애도 모든 인간관계와 마찬가지로 친밀도가 높을수록 의견 충돌을 일으킬 확률도 같이 높아진다. 상대를 잘 알면 알수록 더 큰 싸움이 가능한데, 그 이유는 상대의 어떤 곳을 찔러야 가장 아픈지를 잘 알기 때문이다. 아는 만큼 보이는 법이다. 평소 함께 공유하고 공감했던 서로의 모든 비밀들은 싸움이 시작되는 순간 외려 공격 목표가 된다. 그래서 애착관계가 높은 연인일수록 싸울 때 오히려 더 크게 싸우게 되는 것이다.

우리는 왜 싸우는 걸까?

싸움이라고 해서 다 같은 싸움은 아니다. 연인 사이에 흔히 벌어지는 싸움의 종류를 한 번 살펴보도록 하자.

첫째로 가장 흔한 경우는 서로 이견이 존재하는, 말 그대로 의견 충돌로 인한 싸움이다.

연애 초창기에는 의견이 다를 일이 비교적 적다. 하지만 이 시기가 지나고 나면 우리는 서로 잘 맞지 않는 사람인가 하는 생각이 들 정도로 사소한 모든 것에서 상대와 나의 의견이 갈린다.

두 번째는 다툼이다.

다툼은 상대도 나도 거의 비슷한 위치에 있어야 가능하다. 어느 한쪽이 더 큰 권력을 갖고 있다면 이 관계에서는 다툼이 아닌 싸움이 일어난다. 다툰다는 것은 일종의 힘겨루기라고 생각하면 이해가 빠를 것이다.

마지막 세 번째는 말 그대로 싸움을 위한 싸움이다.

여기에는 룰도 없고 체급도 없어서 무조건 이기는 쪽이 승리하게 된다. 누가 옳고 누가 그르냐보다는 이 싸움에서 누가 더 난폭할 수 있는가에 따라 싸움의 승패가 결정된다. 하지만 이런 싸움에서의 승리는 거의 아무런 의미도 없다.

연애에 있어서 가장 위험한 싸움이 바로 세 번째 싸움이다. 첫 시작은 별것 아닌 일이었다 하더라도 결과는 그렇지 않다. 연인과의 싸움이 원인이 되어 헤어지는 경우는 대개 사소한 의견 다툼으로 출발했으나 도중에 큰 싸움으로 번지게 된 케이스. 이렇게 헤어진 연인 중 십중팔구는 다시 시간을 되돌릴 수 있다면 그 싸움 자체를 아예 하지 않았을 것이라고 말한다. 그만큼 헤어짐의 원인이 되는 싸움은 싸우지 않았어도 됐을 일로 싸우다가 일어난다.

그렇다면 싸움이 초래할 수 있는 최악의 상황, 즉 이별까지 가지 않으려면 어떻게 해야 할까?

앞에서 나열한 싸움의 종류들을 기억하고 있을 것이다. 첫 번째와 두 번째는 어쩔 수 없다 하더라도 세 번째의 경우는 피해야 한다. 싸우는 원인의 경중을 냉정하게 바라보고 굳이 싸울 필요가 없는 부분에 대해서는 양보하고 이해해야 한다. 혹시 싸우더라도 상대의 자존심이나 약점을 건드리면서까지 어쨌거나 이기면 그만인 식의 싸움만은 피해야 한다. 상대의 자존심과 약점을 건드리면서 싸우다가는 결국엔 헤어지게 될 수도 있다.

이런 싸움을 미연에 방지하려면 어떤 상황에서도 상대의 약점이나 아픈 부분을 공격해서는 안 된다. 만약 피치 못할 이유로 싸우더라도 애초의 이유를 벗어난 싸움을 해서는 안 된다.

싸우다 아차 싶은 순간이 오면 이미 늦은 것이다. 바로 실수를 인정하고 싸움을 멈춘다 하더라도 이미 상대는 상처를 입고 말았다. 그렇기 때문에 싸울 때는 이 싸움의 목적이 어디에 있는지를 명확하게 하고 출발해야 한다. 처음 다투게 된 이유와 아무런 연관이 없는 부분을 건드리거나 과거의 일까지 들먹이면 결국 서로에게 돌이킬 수 없는 상처만 입힐 뿐이다.

싸움이든 다툼이든 의견 충돌이든 내가 갈 수 있는 마지노선을 분명하게 정해야 한다. 그리고 이 싸움의 목적이 제대로 이루어지지 않을 경우 이별까지 불사할 수 있는 그런 문제인지도 미리 생각해야 한다. 그래야 싸우다 보니 할 말 못할 말 다 하게 되고, 결국 출발은 별것 아니었지만 그 끝은 헤어짐이라는 초강수를 둘 수밖에 없게 되는 상황을 미리 막을 수 있다. 그리고 두 말하면 잔소리겠지만 되도록 싸움은 의견 충돌 정도로만 가야 한다. ☆누가 이기고 지고가 중요한 부분이 되어 버리는 싸움을 위한 싸움일 경우, 절대 사소한 다툼으로만 끝나지 않는다.

양보는 절대 지는 것이 아니다

지금까지 싸움을 끝으로 헤어지게 된 연애들을 떠올려 보길 바란다. 싸움의 출발이 정말 상대와 이별을 할 수도 있을 정도의 의미가 있는 것이었을까? 아마 그보다는 별것 아닌 사소한 티격으로 시작한 것이 마치 산불처럼 걷잡을 수 없이 큰 불로 번진 경우가 대부분일 것이다.

연애를 하면서 전혀 싸우지 않기는 쉽지 않다. 하지만 이제 당신은 적어도 작은 말다툼이 헤어짐까지 가는 불행한 결과를 또다시 겪고 싶지는 않을 것이다. 그렇다면 싸움에 있어 정말로 중요한 것이 무엇인지를, 이 싸움의 포인트가 어디에 있는지를 정확하게 알고 있어야 한다. 지난날에는 모르고 한 실수였다 하더라도 적어도 알고 있는 지금은 얼마든지 달라질 수 있다. 모든 싸움의 끝에는 이별이 있을 수도 있다는 것을 진지하게 생각해 보길 바란다.

양보는 절대로 지는 것이 아니다. 연애는 누가 이기고 지고의 문제가 아니라 서로를 얼마나 잘 이해하고 받아들이는가의 문제이니까.

내 연애는 왜 그렇게
빨리 끝났던 걸까?

DATE ▮▮▮▮▮▮▮▮

난이도 ○ ○ ○ ○ ○

복습횟수 □ □ □

핵심 키워드

짧은 연애

틀린 이유
□ 주변 상황
□ 상대방 문제
□ 내 문제
□ 의견 차이
□ 성격 차이
□ 오해
□ 타이밍
□ 기타 (   )

Question

　　　　저랑 가장 친한 단짝 친구는 올해로 3년째 연애 중이에요. 내년에 결혼하자고 약속까지 했대요. 그러나 저는 그 친구가 3년째 한 사람과 연애할 동안 다섯 명의 남자친구가 있었는데 길어 봤자 3개월을 넘지 않았죠. 저도 이제는 한 사람과 진득하게 사랑을 나누고 싶은데, 100일을 넘기는 게 쉽지 않네요.

KeyPoint
　✓ 짧은 연애는 이제 그만! 한 사람에게 정착하고 싶다!
　✓ 긴 연애를 즐기고 싶다.

보통의 평범한 사람들을 기준으로 했을 때, 눈에 콩깍지가 쓰여서 상대 말고는 아무것도 보이지 않는 연애 기간은 6개월 정도이다. 따라서 6개월 정도는 크게 싸우거나 하지 않으면 커플이 깨지는 경우는 드물다고 봐야 한다. 세상에서 그 사람만 보이는 기간이라서 뭘 해도 상대가 예쁘고 멋있게 보이는 이 시기는, 예쁜 여자만 보면 자연스럽게 눈이 돌아가게 되어 있는 남자들조차 자기 여자친구가 세상에서 제일 사랑스러워 보이는 기간이다.

그런데 채 반년도 못 채우는, 단기 연애만 하게 되는 사람들이 있다. 굳이 원치 않는데도 이들이 짧은 연애를 할 수밖에 없는 이유는 뭘까?

때로는 매력이 독이 된다

그것은 그 사람의 매력과 연관이 있다. 사람의 매력이란 크게 두 가지로 나눠 볼 수가 있는데, 첫째는 보자마자 풍기는 외모에 관한 매력이고, 둘째는 시간을 두고 지켜봐야 보이는 내면의 매력이다.

전자는 우리가 흔히 말하는 첫인상 혹은 첫눈에 반한다는 것으로, 처음 연애가 시작되기 위해서 필요한 조건이다. 하지만 관계를 지속시키는 데 있어서는 후자가 훨씬 더 큰 원동력이 된다.

그런데 전자의 매력은 있지만 후자의 매력이 약한 사람들이 있다. 이런 사람들은 보자마자 사람을 확 끌어당기는 매력은 있다. 그러나 딱 거기까지. 만나면 만날수록 드러나는 매력은 약하다. 그래서 '이 사람 굉장히 매력적이구나' 하고 만나지만 시간이 지날수록 '생각보다 별로구나' 하는 느낌을 받게 된다.

사실 따지고 보면 연애 기간이 짧은 것은 전자의 매력이 너무 강해서 생기는 문제라고 볼 수도 있다. 사람들에겐 기대치라는 것이 있다. 첫눈에 매력적이었던 이성이라면 그 사람과 사귀면 새로운 매력을 더 많이 발견하게 될 것이라 기대한다. 하지만 계속 볼수록 더 매력적인 것이 아니라 처음 느꼈던 인상에서 느껴지는 매력 이상의 무언가가 없다면 실망을 하게 된다.

그렇다면 이런 사람들은 어떻게 하는 것이 좋을까?

일단 외모가 주는 호감이야 어떻게 할 수 없는 부분이라 치더라도 나머지 부분에 있어서 좀 아낄 필요가 있다. ☆만약 내가 가지고 있는 매력이 10이라 쳤을 때, 첫 만남에서 3개 정도를 발휘했다면 나머지 7개의 매력은 되도록 천천히 꺼내 놓아야 한다.

또 첫인상이 매력적인 이성들은 달변가인 경우가 많다. 말을 잘한다는 것은 처음에는 분명 매력적인 요소일 것이다. 하지만 단점도 존재한다. 그 사람의 어투와 말하는 패턴이 익숙해질 즈음이면 더 이상 큰 매력으로 작용하지는 못한다. 만약 당신이 달변가라면 처음에는 말수를 좀 줄이거나 오히려 상대방의 이야기에 더 귀를 기울여 보자.

사랑에 스릴만 있는 것은 아니다

어느 누굴 만나도 사랑이 금방 식어 버린다면 내가 연애에 대해 혹은 사랑에 대해 스릴만을 찾고 있는 건 아닌지도 점검해 볼 필요가 있다.

이런 사람들은 연애 초창기의 두근거리는 감정에 너무 많은 무게를 둔다. 사귀면서 점점 편해지거나 익숙해지면 사랑이 식었다고 오판을 하게 된다. 이들에게 연인이란 언제나 가슴을 뛰게 하는 상대일 뿐. 이런 사람들은 그다음 단계인 정이 들기까지 익숙해지는 단계를 견디지 못한다.

☆ 사랑이라는 만난 시간과 큰 상관이 없지만 정은 반드시 물리적 시간을 필요로 한다.

혹시 당신이 편안함이 아닌 오직 가슴 뛰는 것만 진짜 사랑이라고 생각하지는 않는지 생각해 보자. 그런 경우 보통 사랑의 감정이라 부르는 뇌 분비 물질의 분비가 줄어들기 시작하는 1년

6개월이 다 지나기도 전에 사랑이 끝나 버릴 수도 있다. 상대와의 연애가 익숙해지는 것은 연애의 한 과정이지 사랑이 변하거나 식었다는 의미는 아니다.

또 한 가지 주의할 점은 연애의 주도권을 잡는 것에 너무 집착하고 있는 건 아닌지 생각해 보자.

모든 일을 자기 맘대로 해야 직성이 풀리는 연인을 오래 봐줄 사람은 없다. 언젠가는 상대가 당신의 이러한 강압적인 성격을 이유로 떠날 수도 있다.

연애가 마냥 가슴 뛰고 행복하기만 한 기간은 길어야 6개월이다. 그 이후부터는 처음 6개월 같을 수는 없는 일이다. 연애 초기를 지났다면 분명히 서로 노력을 해야 한다. 서로 맞춰 주고 양보하는 노력이 있어야 시간이 지나도 계속 연애를 하고 사랑을 할 수 있는 것이다.

처음과 똑같은 사랑은 없다

이제 결론을 내려 보자. 연애를 얼마나 오래 잘할 수 있는가는 내가 평소에 어떻게 행동하는가에 달렸다고 보면 된다. 첫 만남에 나의 매력을 다 발산해 버리지는 않았는지, 말이 많아서 그만큼 실언도 잦았던 것은 아닌지, 그리고 의견 다툼이 있을 때 너무 이기적이거나 자기중심적이지는 않았는지를 생각해 보자.

이제 당신의 연애가 왜 그렇게 빨리 끝났는지 조금은 알게 되었을 것이다. 연애는 두근거리는 감정만을 자양분으로 삼을 수는 없다. 시간이 흐르면 흐르는 만큼 서로 익숙해서 편안한 감정도 필요로 한다. 초반에 에너지를 너무 쏟아 버리면 후반전과 연장전까지 갈 힘이 없다. 그러니 연애가 항상 빨리 끝났다면 내가 하고 싶은 것보다는 한 템포 정도 느리게 가거나 혹은 쏟고 싶은 에너지의 70퍼센트 정도만 쓰도록 하자.

사랑은 변하지 않는 고정 불변의 무언가가 아니다. 사랑은 끊임없이 변하고 심지어 옮겨 가기도 한다. 처음 내가 사랑했던 그 사람의 모습은 A이지만 연애를 지속시킬 수 있는 힘은 A가 아닌 그 사람의 다른 부분인 B나 C에서 비롯될 수도 있는 것이다. 그러니 사랑의 감정이 늘 같을 것이라는 착각을 하고 있다면 얼른 거기서 벗어나라고 말해 주고 싶다.

사랑은 늘 변하는 무언가라고 생각하고 접근하자. 사랑을 하는 주체인 우리는 하루에 열두 번도 더 마음이 변할 수 있는 존재인데 이런 우리가 하는 사랑이 처음과 똑같기를 꿈꾼다는 것은 다른 말로 하자면 짧은 연애밖에는 하지 않겠다는 이야기가 될 수도 있다.

왜 나는 매번
차였던 걸까?

DATE ▮▮▮▮▮▮▮▮▮▮▮

난이도 ○ ○ ○ ○ ○

복습횟수 ☐ ☐ ☐

핵심 키워드

차이는 이유,
이별 원인

틀린 이유

☐ 주변 상황
☐ 상대방 문제
☐ 내 문제
☐ 의견 차이
☐ 성격 차이
☐ 오해
☐ 타이밍
☐ 기타 (   )

Question

　　　　부끄러운 이야기지만 전 한 번도 제가 먼저 남자를 찬 적이 없어요. 사귀는 것까지는 어떻게 잘되는 편인데 늘 먼저 차여요. 이것도 습관인 걸까요? 왜 항상 저만 차이는 걸까요? 이런 제게 문제가 있는 건지 궁금해요.

KeyPoint

✓ 왜 나만 차이는 거야? 차이는 이유가 궁금하다!
✓ 갑작스러운 이별에 당황스럽다.

　사랑에서 가장 힘든 부분이 있다면 아마도 그건 헤어짐이 아닐까? 사랑은 두 사람의 마음이 같아야 시작할 수 있지만 헤어짐은 아니다. 둘 중 한 사람만 원해도 얼마든지 이별할 수 있다. 그러나 어떤 연애를 하던 간에 내가 계속 헤어짐을 통보 받는 쪽이 된다면, 힘든 것은 둘째 치고라도 나에게 무언가 중요한 결함이 있지 않나 하는 생각마저 들게 된다. 아예 연애가 안 되는 것도 문제지만 그 못지않게 중요한 것은 내가 항상 차이는 여자가 된다는 것이다.

　되짚어 보면 이유도 거의 비슷하다. 그러나 그것은 사람마다 다르기 때문에 이번 장에서는 당신이 왜 매번 차이는지 그 이유를 분석해 주기보다는 그 이유를 세밀하게 찾아보라고 조언해 주고 싶다. 다만 매번 차이는 여자들의 공통점 정도는 언급하고 넘어가기로 하자.

당신이 매번 차이기만 했던 이유

　떠난 사람은 그만큼 이기적일 수 있기에 헤어짐의 아픔을 상대보다 훨씬 손쉽게 극복할 수 있다. 하지만 차이는 쪽이 되면 얘기는 달라진다.

내 친구 중에서 연애만 했다 하면 늘 남겨진 자의 역할을 하게 되는 K양의 이야기를 잠시 해 보겠다. 그녀의 연애의 끝은 언제나 남자의 갑작스런 이별 통보 – 이유라도 알려 달라는 애원 및 돌아오면 안 되냐는 매달림 – 끝내 원인을 알지 못한 채 울고불고 남자를 원망함 – 새로 연애를 시작함 – 다시 헤어짐의 반복 – 술만 마시면 떠난 남자들이 얼마나 나빴는지를, 그리고 자기가 왜 차였는지를 모르겠다는 하소연의 반복이었다.

그래서 나는 그녀의 연애가 스타트를 끊을 때부터 관찰하기 시작했다. 관찰 끝에 얻은 결론은 이렇다. 우선 너무 앞서 나가는 것이 첫 번째 문제였다. 앞서 나가는 여자는 어느 시점부터는 남자들에게 부담으로 느껴지게 된다. 물론 연애 초기에는 여자가 적극적이라 남자들이 좋아할 수도 있다. 하지만 이제 막 사귀기 시작했는데 너무 앞서 나간 나머지 두 사람의 미래에 관한 이야기를 한다면 남자의 머릿속에는 '부담'이라는 글자에 빨간 불이 들어오기 시작한다.

다음 문제는 항상 자기 기분만 중요하다는 것이다. 연애는 혼자 하는 것이 아니라 누군가와 함께 하는 것이다. 그러나 자기 기분에만 충실한 사람은 상대의 기분이나 마음은 살피지 않는다. 내가 기분이 좋은 상태에서는 상대가 조금만 우울한 표정을 지어도 왜 그러냐고 닦달하고 반대로 내가 기분이 좋지 않을 때는 상대의 좋던 기분마저도 기어이 망쳐야 한다.

위의 두 가지 원인이 아니라면 다음 예로 무딘 여자들을 들 수 있다. 이별 전에 남자가 아무리 신호를 보내도 무신경한 여자들은 알아차리지 못한다. ☆세상에 그 어떤 이별도 전조가 없는 이별은 없다. 남자는 어느 날 갑자기 이별을 통보한 게 아니었다. 그동안 끊임없이 복선을 깔았는데 이쪽에서 알아차리지 못한 것이다. 어느 누구도 아침에 눈을 뜨곤 문득 연인과 헤어져야겠다고 생각하고 이별 통보를 하는 사람은 없다. 이런저런 불만이 조금씩 쌓이다 마침내 이별을 말하게 되는 것이다. 이별은 이미 오래전부터 차곡차곡 쌓여 왔으며 적당한 때가 오기를 기다리고 있었던 것이다. 단지 당신이 눈치 채지 못했을 뿐.

여자들은 간혹 자신이 얼마나 화가 났는지, 혹은 상대의 반응을 떠보기 위해 마음에도 없는 이별을 얘기하기도 한다. 하지만 남자들은 그렇지 않다. 그들이 헤어지자고 말하면 그건 진짜 이별을 이야기하는 것이다. 우리의 마음을 떠보기 위해서라든가 잡아주기를 바라는 마음에서 하는 말이 아니다. 당연한 얘기지만 그런 이별의 말을 어느 날 갑자가 결심했을 리가 없다.

그런데 남자의 기분이나 마음을 헤아리지 않은 여자는 사람만 바뀔 뿐, 언제나 이별을 말하는 건 남자고 버려지는 것은 자기라 생각한다. 몇 번 이런 일이 반복되고 나면 남자는 다 이기적인 나쁜 놈이라 생각하게 된다. 그러나 내가 만난 남자들은 다 나쁜 남자였다는 섣부른 결단을 내리기 전에 왜 그들이 하나같이 같은 행동을 하는지를 생각해 볼 필요가 있지 않을까?

헤어짐의 원인이 내게 있는 건 아닌지 생각해 봐야 하는 이유는 다음번에는 내가 먼저 헤어지자고 선수를 치기 위해서가 아니다. 남자들이 왜 나라는 여자와 오래 연애를 못하는지, 어째서 아직 더 남은 것 같은 우리의 시간이 이렇게 한마디 이별의 말로 끝나는 건지를 알아야 하기 때문이다. 지금 그걸 생각하지 않으면 또 다른 사랑을 한다 하더라도 결과는 뻔하다. 언젠가 상대는 이별 통보를 할 것이고 또다시 남겨지는 쪽은 내가 될 것이다.

상대를 생각하는 성숙함이 필요하다

인간은 누구나 자신을 최우선으로 생각한다. 내 기분, 내 마음, 내 사랑. 물론 중요하다. 하지만 누군가와 함께라면 상대의 기분이나 마음, 사랑도 내 것 못지않게 중요하다. 이걸 간과하고 넘어가면 상대가 대체 뭐가 불만인지 어떤 부분을 싫어하는지조차 모르고 있다가 날벼락처럼 이별을 맞게 된다.

이제 나 아닌 상대도 생각하는 성숙함이 필요할 때다. 그러지 않고 계속 나만 생각하고 나만 들여다보다가는 또다시 내가 아닌 상대방이 하는 급작스런 이별 통보에 마음 아파하고 속상해 해야 한다.

☆그 사람이 언제부터 조금씩 달라지기 시작했는지, 왜 나와 싸울 때 더 이상 말을 하지 않고 차라리 입을 다물어 버리는지, 나와의 데이트에 이런저런 핑계를 대고 피하는지 조금만 더 주의 깊게 신경을 쓰자.

가장 좋은 것은 헤어지고 난 다음 고민하는 것이 아니라 바로 지금 상대에게 물어보는 것이다. 나와의 연애가 괜찮은지를 말이다.

나이 차이가 많이 나는
사람만 만났던 나

DATE

난이도 ○○○○○

복습횟수 □□□

핵심 키워드
나이 차이,
연상,
의지하는 연애

틀린 이유
□ 주변 상황
□ 상대방 문제
□ 내 문제
□ 의견 차이
□ 성격 차이
□ 오해
□ 타이밍
□ 기타 (   )

Question

　　　　　　이상하게도 항상 전 저와 나이가 꽤 많이 차이 나는 남자만 만나게 됩니다. 동갑은 물론이고 요즘 유행이라는 연하는 아예 남자로 보이지도 않아요. 이런 제게 문제가 있는 것일까요?

KeyPoint

✓ 동갑은 남자로 보이지 않는다.
✓ 나이 차이 많은 남자가 좋다.

32

　연애를 하다 보면 사실 나이 같은 건 그다지 중요하지 않다. 동갑이든 연상이든 연하든 사람 그 자체가 중요하다. 하지만 만약 당신이 연상만, 그것도 나이 차이가 많은 남자만 만난다면 왜 그런지 한 번 진지하게 생각해 보자.

　우리의 나이가 비교적 어렸을 때는 연상을 만나는 게 자연스럽다. 하지만 20대 중반이 넘어서도 여전히 나이 차이가 많이 나는 남자만 선호한다면 여러 가지 문제가 생길 수 있다.

　먼저 결혼에 관한 문제가 있다. 나는 아직 결혼할 생각이 없는데 상대방은 결혼 적령기라서 나와 결혼을 생각한다면 그것이 문제가 되어 헤어질 수도 있다. 또 드물긴 하겠지만 혹시라도 기혼인 남성, 즉 유부남을 만나게 되는 경우도 생각해 볼 수 있다. 이건 비단 도덕적인 문제를 떠나서 법적으로도 충분히 문제가 될 수 있는 사안이다.

　그렇다면 계속 연상만 만나는 당신의 심리는 무엇일까?

남자친구는 아빠가 될 수 없다

이런 여성들은 연인에게서 아버지의 모습, 혹은 아버지가 주지 못한 사랑을 갈구하고 있는 것은 아닌지 생각해 볼 필요가 있다.

특히 아버지를 일찍 여의었거나 아버지가 가부장적인 성격이라 애정 표현에 인색했다면 연상의 남자가 주는 푸근함에서 아버지의 사랑을 대리만족 하게 되는 경우도 있다.

하지만 문제는 연인에게는 연인으로서의 사랑을 찾아야지 그 속에서 아버지에게서 부족했던 부분을 찾는다면 관계가 힘들어진다는 데 있다. ☆연애는 성인과 성인이 만나서 서로 사랑하는 것이다. 어느 한쪽이 마치 보호자처럼 다른 한쪽을 위해 일방적으로 희생하거나 봉사한다면 그 관계는 건강하다고 보기 어렵다. 우리가 마마보이를 그토록 싫어하는 이유는 뭐든 엄마에게 다 물어보고 결정하는 나약한 남자의 모습 때문만은 아니다. 나중에는 나에게 엄마와 같은 희생과 사랑을 요구하기 때문이다.

남자도 마찬가지다. 처음에는 나에게 기대고 의지하는 여자를 보호해 주고 싶은 마음에 당신이 사랑스러울 수도 있다. 하지만 아버지에게 받지 못한 사랑을 남자친구를 통해 충족시키려는 여자는 어느 정도 적당한 선에서 멈추지 않고 계속 기대고 의지하게 되는데 남자 입장에서 이보다 더 피곤한 여자는 없다. 곤란하거나 어려운 일은 뭐든 다 해결해 주고 사랑은 또 사랑대로 주기를 바란다면 남자에게 슈퍼맨이 되어 달라는 얘기나 다름없다.

남자친구는 어디까지나 나와 사랑을 주고받는 연인이어야지 일방적으로 내게 사랑만 주는 아버지가 될 수는 없다. 연상만 사귀는 여자들은 남자가 자신보다 나이가 많은 만큼 정서적으로나 경제적으로 보호를 받고 싶어 한다. 하지만 남자의 입장에서 보자면 롤리타 콤플렉스가 있지 않는 한 이런 여자와의 연애는 밑 빠진 독에 물 붓기처럼 계속 일방적으로 사랑이든 경제적으로든 퍼부어야 하는 것을 의미한다. 어느 정도까지는 이해하고 여자가 원하는 대로 해 주겠지만 그 이상의 것을 바라고 그걸 해 주지 않는다고 토라지거나 늘 서운해 하는 여자에게 남자가 할 수 있는 건 단 한 가지, 바로 이별이다.

당신이 만약 20대 초반이 아닌데도 무조건 나이 차이가 많이 나는 연상만 만나고 싶다면 남자친구에게 궁극적으로 바라는 것이 연인인지 아니면 혹시 그에게서 아버지나 보호자를 찾고 있는 것은 아닌지 잘 생각해 볼 필요가 있다.

스스로 을이 되어서는 안 된다

물론 내가 사랑하는 남자가 어쩌다 보니 나이가 많은 남자일 수는 있다. 하지만 여기서 말하는 것은 매번 그렇게 되는 경우이다.

연상도 그냥 연상이 아닌 나이 차이가 많이 나는 연상만 고집한다면 내 안에 깔린 마음이 무엇인지 잘 생각해 보길 바란다. 나는 그 사람과 동등한 관계에서 연인이 되고 싶은지 아니면 그가 이미 자신의 나이로 인해 누리고 있는 안정과 풍족함에 무임승차를 하고 싶은 것은 아닌지 말이다. ☆만약 나는 동등하지 않아도 좋으니까 나이 많은 남자에게서 얻어 내고 싶은 부분이 더 중요하다고 판단된다면 나 역시 그의 액세서리나 과시용이 될 때 기꺼이 참아 낼 수 있어야 한다.

관계란 대개 공평하다. 어느 한쪽만 이득을 보는 경우는 갑, 을 관계가 아니고서야 드문 일이다. 하지만 이미 내 쪽에서 보호 받는 을이 되고자 마음먹었다면 상대가 갑이 될 수도 있는 게 당연하다. 어린 여자를 만나는 남자의 내면에 존재하는 일종의 과시욕, 그리고 행여 내 어린 여자친구가 밖에 나가서 또래의 남자에게 반하지는 않을까 하는 근심에서 오는 모든 간섭들을 군말 없이 그대로 다 받아 줘야 한다. 그렇게 해서라도 당신은 나이 많은 남자를 만남으로 인해 누리는 것들에 대한 대가를 치러야 할 수도 있다.

연애는 언제나 기브 앤 테이크

받는 것이 있다면 내어 주어야 하는 것도 있는 법이다. 하지만 이렇게 기브 앤 테이크를 하는 관계는 결코 건강한 관계는 아니다. 사랑은 내가 이것을 주었으니 저것을 받겠다는 마음이 아닌 그냥 사랑해 줄 수 있는 만큼 상대를 사랑해 주는 것이다. 그러나 과연 남자친구에게 금전적이든 정신적이든 모든 것을 다 의지하고, 힘든 일이 생기면 남자친구가 대신 해결해 주기를 바라는 당신과 당신의 남자친구가 그럴 수 있을까?

언젠가 아무것도 할 줄 모르는 아기 같은 어린 여자를 사귄 지인이 이런 말을 한 적이 있다. 연애 초기에는 여려서 혼자 할 줄 아는 거라고는 속상해 하고 우는 것밖에는 없는 여자를 나 아니면 누가 이 거친 세상으로부터 지켜 주겠나 하는 생각에 일종의 책임감과 보호 본능을 느꼈단다. 그러나 연애 기간이 길어지자 내 지인은 달라졌다. 언제나 여자친구에게 한 없이 퍼 줄 것만 같았던 그는 이제 그녀에게서 취하고자 하는 부분이 확실해졌다. 친구들로부터 어린 여자를 만나니 능력자라는 이야기를 듣는 것, 어디데리고 나가면 부러운 눈으로 쳐다보는 늑대들의 시선.

이 세상에 영원히 한 사람에게만 이득이 되는 관계는 없다.

당신이 만약 계속해서 나이 많은 남자만 고집한다면 당신 역시 그에게 얼마든지 이용되고 사용될 수 있음을 알아 두기 바란다. 다시 말하지만 남자친구는 아버지의 대용품이 될 수는 없다. 아버지는 아버지이고 남자친구는 남자친구이다. 남자친구에게서 보호자를 찾는다면 그건 결코 정상적인 연인 사이라고 볼 수 없을 것이다.

연하에게만
눈길이 간다면

05

DATE

난이도 ○○○○○

복습횟수 □ □ □

핵심 키워드
나이 차이,
연상연하 커플,
연애의 주도권

틀린 이유
□ 주변 상황
□ 상대방 문제
□ 내 문제
□ 의견 차이
□ 성격 차이
□ 오해
□ 타이밍
□ 기타 (   )

Question

　　　　요즘 연상 연하가 대세라고는 하지만 전 늘 연하만 사귀게 돼요. 이상하게 동갑만 되어도 나이가 많게 느껴지고 더 나이가 많은 사람을 만나면 저도 같이 늙어 가는 것만 같아요. 친구들은 연하만 만나는 저를 걱정하곤 하는데 제게 문제가 있는 걸까요?

KeyPoint
✓ 연하남이 자꾸만 눈에 들어온다.
✓ 연상과 동갑은 재미가 없다.

　　남녀를 막론하고 요즘은 연하남 혹은 띠동갑 등 나이 차이가 많이 나는 연인들이 대세다. 연인과 나이 차이가 많이 나면 날수록 그 둘 중 한 사람은 능력자가 되는 세상이다.

　사람을 사귀는 데 있어 사실 나이가 큰 문제가 되지는 않는다. 나이 차이라는 것은 말 그대로 서로의 나이를 의미하는 것일 뿐이다. 나이가 숫자에 불과하단 것은 아니지만 일단 상대와 내가 법적 문제가 없는 성인이라면 나이 차이는 그 둘의 지극히 개인적인 문제이지 주변에서 뭐라고 할 수 있는 성질의 것은 아니다.

　연애를 하다 보니 연하의 남자도 사귀게 되었다는 것은 사실 아무런 문제가 되지 않는다. 그러나 내가 연상이나 동갑보다는 연하의 남자만 만나려고 한다는 것은 조금 생각해 봐야 할 일이다.

왜 연하남에게 눈길이 가는 걸까?

　연하를 사귀는 여자들이 남자친구를 소개할 때 빼놓지 않고 하는 말이 있다. 바로 "나이답지 않게 어른스럽고 남자답다"는 말이다. 우리는 연애를 할 때 남자가 나이가 어리다 하더라도 그가 내게 있어서는 어린 남자가 아닌 성숙한 남자이길 바라는 것이다.

　어리광이 심한 연하의 남자를 애인으로 둔 여성은 그리 많지 않다. 그녀들의 말처럼 나이보다 훨씬 성숙한 남성이 대부분이다. 그렇다면 연하남이 아닌 연상의 남자를 만나는 것이 어른스러운 남자를 만날 확률이 더 커지지 않겠는가 하는 의문이 생긴다. 하지만 연하남을 택하는 여자는 특정 부분에 있어서만 상대가 성숙하기를 바란다. 자신이 원하는 부분에 있어서는 남자답고 어른스럽지만 실제로는 내가 나이가 더 많기 때문에 이 연애를 리드할 수 있는 위치에 서고 싶은 것이다. 한마디로 성숙한 어린 남자를 만나 그보다 나이가 더 많은 내 마음대로 연애를 하고 싶다는 것이 연하남만 만나는 여자의 심리 중 하나이다.

이상한 것은 이들이 헤어지는 이유이다. 나이보다 어른스럽고 성숙했던 남자는 헤어질 즈음에는 역시 어린 티가 나는 남자가 되어 있다. 이건 알고 보니 그 남자가 어리광을 부리고 생각보다 성숙하지 않아서가 아니다. 내가 원하는 부분에 대해서 내 마음대로 하고 싶었던 연애가 어린 남자의 고집 때문에 내 뜻대로 되지 않았을 때 그는 돌연 어린 남자가 되어 버린다. 그 남자로서는 연인이 할 수 있는 정당한 무언가를 요구했지만 그 부분에 있어 마음대로 하고 싶었던 여자는 이것을 어린 남자의 어리광이나 철없음으로 느끼는 것이다.

당신이 진짜로 원하는 것은 무엇인가?

계속해서 연하의 남자친구만 만나고 싶어 한다면 먼저 자신에게 질문을 해 보도록 하자. 내가 어린 남자만 만나게 되는 진짜 이유는 무엇인가? 그리고 어린 남자에게 반하는 포인트를 잘 살펴보길 바란다. 그가 나이보다 성숙하거나 남자다운 모습을 보여 줄 때 반한 것은 아니었나? 그건 결국 액면상의 나이는 어리지만 마음은 나이보다 훨씬 성숙해서 또래보다 어른스러운 모습을 보여 주는 남자라는 얘기다. 그러나 원래 나이가 들어 성숙한 남자가 아니라 또래보다 성숙한 남자는 특정 부분에 있어서는 어쩔 수 없이 부족한 부분이 있다. 그렇기 때문에 여기에 연하남보다는 노련하고 성숙한 내가 개입할 틈이 생긴다. 연애의 주도권을 잡고자 하는 마음이 강한 여성이라면 이보다 더 좋은 기회는 없다. 동갑이나 연상의 경우 연애 주도권을 잡기 위해서는 어느 정도 신경전을 벌여야 하지만 연하남에게 있어 내 나이, 보다 많은 사회 경험 등은 이런 과정 없이도 나를 그보다 더 우위에 세울 수 있는 좋은 구실이 된다.

그런데 막상 자신이 주도권을 잡고 휘두를 수 있다고 믿었던 연애에서 연하남이 잘 맞추어 주지 못한다면, 그 역시 연애의 한 상대자로서 자신이 주도권을 잡으려고 하면, 이때부터 문제가 발생한다. 나이도 더 많고 경험도 많은 내가 하자는 대로 하는 게 정답이고 제일 편한 길인데 왜 잘 알지도 못하면서 나서느냐는 생각이 든다. 처음에는 어리지만 어른스러웠던 그 남자는 역시 어리다는 이유로 정리 대상이 된다.

연애의 특정 부분이 지속적으로 반복된다는 것은 내가 그런 것을 원했거나 혹은 수용했다는 이야기다. 만나는 남자마다 바람둥이였다면 바람기가 다분하긴 하지만 다수의 여성에게 매력적으로 어필하는 남성을 좋아했기 때문일 것이다.

마찬가지로 연하남만 좋아하는 것에도 분명히 이유가 존재한다. 동갑도 사귀어 보고 연상도 연하도 사귀었다면 좋아하는 사람의 나이가 마침 나보다 연하라고 이해하면 된다. 그러나 계속 연하남만 고집해서 만난다면 연하남과의 연애에서 내가 기대하는 부분이 있다는 것이다. 하지만 기대했던 이 부분이 생각보다 별로라면 연하남은 또 다른 연하남에게 그 자리를 내주어야 한다.

☆ 나이보다 성숙하고 남자답지만, 어떤 부분은 나이와 경력이 더 많은 내가 확실하게 지배할 수 있는 부분이 있을 것. 이게 혹시 연하남만 만나는 이유는 아닐까?

만약 당신이 연하남만 만나고 있다면 연애에 있어 남자에게 기대는 부분을 제외한 나머지 거의 모든 부분에서 자신이 지배하거나 컨트롤하기를 원해서는 아닌지 생각해 보길 바란다. 내가 좋아하는 남자들이 모두 연하인 것은 가능하지만 연하만 사귈 수 있다거나 연하만 좋다고 하는 것은 분명 그 안에 숨겨진 이유가 있다는 뜻이다.

　연하남만 만나야 행복할 수 있다면 그렇게 하는 것이 최선일 것이다. 하지만 연하남을 만나서 결국 내 뜻대로 되지 않는 부분들 때문에 헤어진다면 내가 연애에 있어 진짜로 원하는 것이 무엇인지를 한 번 정도는 고민해 볼 필요가 있다. 단지 그들이 어리고 사랑스러워서인지, 아니면 이 연애에 있어 주도권을 내가 잡을 수 있는 것 때문은 아닌지를 말이다.

내 연인의 어머니가 부담스럽다

06

DATE ▨▨▨▨▨▨▨▨▨

난이도 ○○○○○

복습횟수 □ □ □

핵심 키워드
남자친구의
부모님,
연애 반대

틀린 이유
□ 주변 상황
□ 상대방 문제
□ 내 문제
□ 의견 차이
□ 성격 차이
□ 오해
□ 타이밍
□ 기타 (   )

Question

　　　　　사귄 지 3년이 조금 넘었습니다. 우리 사이에는 큰 문제가 없었어요. 그런데 그의 어머니를 소개받고부터는 뭔가 자꾸 부담스러워지더라고요. 예비 시어머니 노릇을 하는 것 같기도 했거든요. 그래서 지금 이별을 생각하고 있습니다. 남자친구의 어머니가 문제가 되어서 헤어지는 경우도 있을까요?

KeyPoint
✓ 남자친구의 어머니가 나를 좋아하지 않는다면?
✓ 남자친구의 어머니를 만났을 때 어떻게 해야 할까?

44

　　직장생활을 할 때의 일이었다. 나보다 한 살 어리지만 일찍 입사를 하고 회사에서 유례없는 초고속 승진을 해서 팀장이라는 직함을 달고 있는 여자 상사가 있었다. 우리는 회사에서는 서로 존칭을 썼지만 사석에서는 서로 말을 트고 지내는 사이가 되었는데 며칠 동안 그녀의 얼굴이 영 안 좋아 보였다.

　어느 날 그녀와 술자리를 가지면서 요즘 왜 그러냐고 물어봤다. 그녀는 남자친구가 헤어지자는 말을 했는데 그게 아무래도 그의 생각이 아니라 남자친구 어머니의 생각인 것 같다고 했다. 뭔가 딱 꼬집어 그녀와 헤어지라고 말한 건 아닌 것 같지만 어쩐지 좋게 이야기는 하지 않았을 것 같다는 거였다. 혹시 실수를 했거나 밉보인 적은 없는지 물었지만 전혀 그런 일은 없었다고 했다. 이런저런 원인을 찾다가 그녀는 아무래도 남자친구의 어머니가 자신을 질투하는 것 같다며, 종종 "너는 이 좋은 시대에 태어나서 정말 예쁘게 잘 사는구나. 나는 남편 뒷바라지에 자식 키우느라 그 좋은 시절 다 보내고, 가끔은 내가 바보같이 살아 온 것 같아 네가 부러워"라는 말을 하셨다고 했다. 그 말이 어디가 어때서 하고 생각할 수도 있겠지만 여자들이 속에 있는 뜻 그대로 말하지 않는다는 것을 감안하면 저건 분명히 질투의 말이었다.

　실제로 그녀는 같은 여자가 봐도 예쁜 외모와 착한 성격 거기다 능력까지 갖춘 여자여서 어디에서도 항상 시선을 받고 돋보이는 존재였다. 우리는 흔히 여자의 질투가 같은 또래의 여자, 혹은 라이벌들에 한한다고만 생각하겠지만 그렇지 않다. 여자의 질투는 나이와 세대를 아울러 존재한다. 심지어 어떤 심리학자는 어머니가 딸을 질투할 수도 있다고 했으니 말이다.

남자친구 어머니도 결국엔 여자다

그녀의 남자친구 어머니는 일찍 결혼을 해서 아이를 가지는 바람에 전공을 채 살리지도 못하고 그냥 가정주부가 되었다고 했다. 물론 사랑해서 결혼을 했고, 그 사랑의 결실로 손이 귀한 집에서 아들까지 낳았으니 남들이 보기에는 행복한 삶을 살고 있는, 곱게 늙은 중년 여성으로 보였을 것이다. 하지만 그녀의 내면도 남들이 보는 것처럼 자신의 삶에 만족했을까? 자신만의 꿈이나 동경 같은 것 없이 누구 엄마, 누구의 아내로 사는 것에 만족을 했을까?

그래서 그녀들은 아들의 여자를 질투한다. 자신들은 시대를 잘못 만나 꿈을 채 펼치지도 못한 채 남편과 자식들 뒷바라지를 하느라 젊은 시절을 다 보냈지만 내 아들의 여자들은 전혀 그렇지 않은 삶을 살고 있다. 해서 아들의 여자친구라 하더라도 같은 여자로서 질투가 가능한 것이다.

그런데 여기 또 한 가지의 케이스가 있다. 그것은 바로 내 아들의 여자가 엄마 역할을 대신 해 주길 바라는 어머니들이다. 그녀들은 애지중지 키운 아들에게 또 다른 자신, 즉 자기처럼 열심히 지극정성으로 돌봐 줄 여자를 짝지어 주고 싶어 한다. 사실 이 케이스가 훨씬 더 복잡하다. 왜냐면 여기에는 기본적으로 효도라는 것도 함께 포함이 되어 있기 때문이다. 내 아들에게도 잘하는 만큼 나에게도 잘하기를 바라는 것 또한 이런 어머니들의 특징이라고 할 수 있다.

전자가 같은 여자로서의 질투에 관한 것이라면 후자는 마치 신이 모든 곳에 존재할 수 없어 이 세상에 엄마를 보냈다는 말처럼 나를 대신해서 다른 여자가 나의 역할을 해 주기를 바라는 것이다. 이런 엄마들은 대개 아들을 위해 희생을 하고 그를 키우고 그의 성공만을 바라보며 살았던 경우가 대부분이다. 그러니 내 아들의 여자 또한 아들의 성공적인 삶을 위해 열심히 뒷바라지를 하기를 바라는 것이다.

여자들은 태어난 시기에 따라 자신들의 마음과는 달리 하고 싶은 것을 못하기도 했고 때로는 집안을 위한 희생양이 되기도 했다. 문제는 여자들의 마음속에 늘 소녀가 자리 잡고 있다는 것이다. 이 소녀는 같은 여자라면 그 여자가 누구든 질투를 할 수 있다. 자신은 누리지 못했던 것들을 누리고 인생을 즐기는 내 상사의 모습에서 그 어머니는 그런 생각을 했을 것이다. 저런 여자는 멋있지만 그 멋있는 여자를 내 아들의 여자로 삼고 싶지는 않다고. 더구나 내 상사는 어머니에게도 마치 모범 답안처럼 잘했기 때문에 외려 그녀를 질투하는 자신이 더욱 초라하게 느껴졌을지도 모른다. 그 결과 그 어머니는 그녀의 남자친구를 은근히 뒤에서 조종한 것이다. 이른바 30년 키운 내 아들 30분 만에 바보 만드는 여자에게 빼앗길 수는 없다는 심리가 적용한 셈이다.

그럼 아들의 여자친구를 질투하거나 혹은 못마땅해 하는 남자친구의 어머니를 만났을 때 어떻게 해야 하는가?

매는 절대 먼저 맞지 않는다

꽤 많은 여자들이 남자친구의 어머니에게 잘 보여야 한다는 강박증을 가지고 있다. 사회에서 워낙 시월드 어쩌고 해서 그런지는 모르겠지만 아직 결혼 이야기가 오가지도 않았는데, 단지 남자친구가 부모님께 소개하고 싶다고만 말했을 뿐이지만 그때부터 여자들은 멘붕이 오기 시작한다. 그러나 한 가지 확실한 것은 당신에겐 남자친구의 어머니까지 챙겨야 할 아무런 의무도 책임도 없다는 것이다. 그리고 ☆그 무엇을 한다 하더라도 남자친구의 어머니를 만족시킬 수는 없을 것이다. 그녀들은 우리의 동지가 아니다. 아들을 사이에 두고 경쟁관계에 놓여 있다고 믿는 사람들이다. 겉으로는 친절하게 대할지 모르겠지만 그건 어디까지나

대외적인 모습일 뿐 그녀들의 진심이라고 오판해서는 안 된다.

그럼 해결책은 뭘까? 너무 뭔가를 잘하려고 하지 않는 게 답이다. 만약 남자친구의 어머니를 만나게 된다면 입장을 명확하게 해야 한다. 나는 당신의 아들을 사랑하는 여자이긴 하지만 그것이 당신을 대신하는 것은 아니며, 또한 당신과의 관계가 깊어지는 일과는 별도라는 것을 분명히 해야 한다. 그리고 어머니에게 두 사람 사이의 일을 시시콜콜 말하지 않도록 남자친구 입을 단속하는 게 좋다. 팔은 안으로 굽게 되어 있다. 그래서 둘 사이에 문제가 생겼을 때 남자친구의 어머니는 절대 당신의 편이 되어 주지 않는다. 한 번 얽히기 시작하면 이것저것 복잡해지는 관계는 아예 처음부터 어느 정도는 선을 긋고 시작하는 것이 가장 좋다. 만약 남자친구의 어머니가 나를 딸처럼 생각하겠다고 말했다면 그건 너는 내 딸이 아니라는 말과 같은 의미라는 것을 잊지 말자.

남자친구의 어머니는 나의 지지자라기보다는 차라리 적에 가깝다. 같은 여자이지만 한 남자를 사이에 두고 줄다리기를 하는 관계가 바로 고부관계이기 때문이다. 이 고부관계는 고부 사이가 되기 훨씬 이전부터 시작된다. 그러나 당신은 미리부터 남자친구의 어머니에게 예비 며느리 역할을 할 이유가 없다. 그녀가 아직 당신의 시어머니가 아닌 이상 말이다.

나는 연애가
항상 1순위였다

07

DATE ▨▨▨▨▨▨▨▨▨

난이도 ○ ○ ○ ○ ○

복습횟수 □ □ □

핵심 키워드
**연애의
우선순위**

틀린 이유

□ 주변 상황
□ 상대방 문제
□ 내 문제
□ 의견 차이
□ 성격 차이
□ 오해
□ 타이밍
□ 기타 (   )

Question

　　　저는 연애를 할 때 제 남자에게 모든 것을 맞췄어요. 잠잘 시간, 공부할 시간도 쪼개서 남자친구와 데이트를 했죠. 제 모든 일상이 남자친구 중심으로 돌아갔어요. 그런데 남자친구는 그게 아니었어요. 저를 만나기 전과 만난 후가 다를 게 하나 없어요. 억울하기만 해요. 왜 제 남자는 저에게 올인하지 않았을까요?

KeyPoint

✓ 나는 항상 그만 바라보았다.

✓ 나만큼 내 남자친구는 나를 좋아하는 것 같지 않다.

솔직하게 고백을 하자면 나 역시 연애에 올인하는 타입이었다. 일단 연애가 시작되면 연애 이외의 모든 일들은 다 다음 순위가 되었고 오직 내 머릿속에는 그 사람이 뭘 할까? 그 사람을 만나면 뭘 할까? 그 사람은 내 생각을 하고 있을까 등으로 가득했다. 그 사람에게 잘 보이기 위해 무리하게 카드를 써 가며 옷을 사 입었고 오늘은 야근을 해야 함에도 불구하고 그 사람이 만나자고 하면 무조건 달려 나갔다. 그래서 연애를 하는 동안의 내 삶은 엉망진창이었지만, 누군가를 사랑하고 있다는 생각에 마음은 한없이 행복했다. 그러나 이런 행복도 잠시. 곧 고민에 빠지게 된다.

왜 내 남자친구는 나처럼 이 연애에 목숨을 걸기는커녕 내 반에 반도 안 되는 관심만 쏟는 것일까 하고.

그때부터 폭풍과도 같은 불만이 생긴다. 바빠서 전화를 못했다는 말은 모두 핑계로 들릴 뿐이다. 나는 아무리 바빠도 그에게 전화할 짬이 안 생긴 적은 없었으니까. 나는 하다못해 화장실 가는 시간을 아껴서라도 문자를 보내거나 전화를 했으니 이건 정성의 문제라 생각되었다.

처음에는 매일 만나다시피 하다가 그 횟수가 점점 줄어 가는 것도 큰 불만이었다. 상대는 늘 회사 일에 회식에, 주말이면 너무 피곤해서 도저히 움직일 수가 없다고 말을 하지만 나에게는 와

닿지 않았다. 왜냐면 나도 일이 있었고 나 역시 피곤한 날도 많았으니까. 내가 생각하는 사랑은 그럼에도 불구하고 만나서 함께 시간을 보내고 데이트를 하는 것이었다. 오늘은 피곤해서, 내일은 회식이 있어서, 뭐 이런 이유로 만나지 않는다면 그건 연애가 아니라고 생각했다. 그래서 싸우기도 참 많이 싸웠다.

올인하는 연애의 위험성

연애에 올인하는 타입의 여성은 크게 두 가지로 나눠 볼 수 있다. 앞에 내가 설명한, 남자와 연애를 시작하면 만사 제쳐 놓고 연애에 올인을 하는 타입의 여성, 그리고 후자는 평강공주 타입의 여성이다.

평강공주 타입의 여성은 연애 자체에 올인을 한다기보다는 그 연애가 가져다줄 미래에 올인을 한다고 말하는 것이 더 정확한 표현일 것이다. 이런 여자들은 소위 평강공주 콤플렉스가 있어서 내가 만나는 남자를 내 힘으로 근사하게 변신시키겠다는 꿈을 갖고 있다.

이 여성들의 특징은 내 남자가 좀 더 괜찮은 남자가 되면 나의 미래 또한 그와 함께 반짝반짝 빛이 날 것이라 생각한다. 그래서 이런 여자들은 남자에게 그야말로 헌신적이다. 그의 미래가 곧 나의 미래이므로 열심히 내조를 하는 것은 물론 때로는 엄마보다 더 무섭게 잔소리를 하기도 한다. 여자의 행복한 미래는 어떤 남자를 만나느냐에 따라 좌우된다고 믿는데 이미 너무 잘난 남자들은 자신을 만나 줄 리가 없으므로 지금 당장은 나보다 약간 떨어지지만 그의 가능성, 즉 얼마나 내 말을 잘 들어서 성공할 수 있을 것인가 하는 됨됨이를 보고 투자를 한다. 물심양면이라는 말이 무색하지 않을 정도로 이런 여자들은 금전적으로도 많은 도움을 준다.

자, 그럼 이 두 연애의 문제점을 살펴보도록 하자.

첫 번째 연애의 문제점은 연애를 하는 내내 트러블이 끊이지 않는다는 것이다. 연애에 올인하는 여자에게 있어 1순위는 당연히 연애다. 그러니 여자의 모든 생활과 계획은 모두 연애를 중심으로 돌아간다.

하지만 남자는 그렇지 않다. 남자도 처음에는 연애에 올인을 하지만 일단 안정기에 접어들었다고 생각하면 연애는 두 번째로 밀려나게 되기 마련이다. 남자는 여자처럼 동시에 여러 가지 일을 병행하는 능력이 떨어지기 때문이다. 그들은 1순위, 2순위, 3순위 이런 식으로 일의 중요도에 따라 순서를 정하고 가장 급하고 중요한 일부터 처리한다.

그런데 여자는 연애 초기나 중기에 모두 똑같은 에너지로 집중하는 것이 가능하다. 왜냐면 여자는 멀티플레이가 가능한 동물이기 때문이다.

남자는 그렇지 않다. 어느 한 곳에 신경을 쓰면 상대적으로 다른 곳에는 신경을 덜 쓰도록 발달되었다. 그래서 남자는 한 번에 한 가지 일밖에 할 수 없는 것이고 그에 비해 상대적으로 여자는 같은 시간 내에 여러 가지 일을 한꺼번에 처리할 수 있는 것이다.

연애에 있어 남자는 처음에는 여자를 얻기 위해 만사를 다 제쳐 두고 여자에게 올인을 한다. 하지만 일단 이 여자가 내 여자라는 확신이 들기 시작하면 남자의 1순위는 연애가 아닌 일이라든지 혹은 다른 문제들이 차지하게 된다. 반면 1순위 2순위가 따로 없는 여자는 여전히 일도 하면서 남자와의 연애도 처음 못지않은 열정으로 계속해 나갈 수 있는 것이다.

이렇게 다른 남녀의 차이를 인정하고 넘어가면 좋겠지만 문제는 여기서 여자가 서운함을 느낀다는 것이다.

남자가 처음부터 여자에게 집중하는 모습을 보이지 않았다면 그냥 그러려니 했겠지만 처음과 확연하게 달라졌으니 그 시점에서 여자는 끊임없이 불만을 가지고 서운해 한다. 안 그래도 여자의 기질은 한꺼번에 많은 일에 집중할 수 있는데 특히나 연애에 올인을 하는 타입이라면 더더욱 그렇다.

나는 하루 종일 내 남자를 생각하는데 그는 전혀 그렇지 않다. 이렇게 여자가 불만을 가지는 순간부터 싸울 일이 끊임없이 생긴다. 여자가 남자에게 다가가면 다가갈수록 남자는 점점 더 부담스러워 한다. 그러다 기어이 여자는 "넌 나 말고는 아무것도 관심이 없어?"라는 말마저 듣게 된다. 그리고 그 순간 여자의 자존심은 땅속 깊은 곳까지 가라앉게 된다.

에너지를 연애에 모두 쏟지 말 것

열심히 연애하는 것은 결코 나쁜 일이 아니다. 내가 말하고 싶은 것은 연애에 내 모든 것을 올인하지는 마라는 것이다. 지금은 이 남자와 평생을 함께할 것 같을 것이다. 하지만 결혼한 부부도 이혼하는 마당에 연애는 더 말할 것도 없다. 만나는 남자마다 올인을 하고 집중을 하다 보면 결국 에너지가 고갈되거나 혹은 남자들은 나를 부담스러워 한다는 잘못된 인식을 가지게 될 수도 있다.

아까 말했던 평강공주 타입의 여자는 문제가 더 심각하다. 그녀들은 남자를 위해 모든 것을 양보하고 희생해서 마침내 내가 원하는 남자를 만드는 데 성공한다. 하지만 자신에게 감사하며 평생을 보답할 것 같던 남자는 자신의 위치가 변한 만큼 마음도 변한다. 잔인한 얘기지만 좀 더 괜찮아진 남자는 당신이 아닌 더 괜찮은 여자를 만나려고 하는 것이다.

이건 꼭 남자가 나빠서는 아니다. 남자는 자신의 못난 시절을 기억하는 여자, 그리고 여자의 뒷바라지와 잔소리로 지금의 위치까지 올라오게 된 과거를 무의식적으로 부정하고 싶어 한다. 흔히 함께 고생한 조강지처는 버리지 않는다고 말하지만 천만의 말씀이다.

남자는 자신의 우울한 과거를 기억하는 여자를 원하지 않는다. 기본적으로 여자에게 강해 보이고 싶어 하는 남자는 좀 더 괜찮은 지금의 모습만 아는 여자를 만나고 싶어 한다. 그래야 잘난 척도 할 수 있고 어깨도 펼 수 있다. 하지만 아무것도 아닌 자신을 이렇게까지 만들어 준 여자 앞에서는 그럴 수가 없다. 잘난 척이라도 했다가는 "네가 누구 덕분에 그렇게 되었는데?"라는 말을 듣기 십상이다. 여자에게 사랑뿐 아니라 존경도 받기를 갈망하는 남자라는 동물은 그런 여자 앞에서 주눅이 들어 살고 싶어 하지 않는다.

이미 고백했다시피 나도 한때 연애를 하면 그 연애에 올인을 하는 타입이었다. 결국 남자를 지치게 했고, 남자가 내가 생각하는 만큼 나를 사랑해 주지 않는다는 생각에 괴롭기만 했다.

☆남자는 여자가 잘해 주면 그걸 집착한다고 생각한다. 그래서 오히려 더 멀어지면 멀어졌지 가까워지지는 않는다. 그렇기 때문에 우리는 연애에 모든 것을 걸고 올인을 해서는 안 된다.

만약 당신이 올인을 하는 타입이라면 어떻게든 연애에서 신경을 분산시켜야 한다. 그렇지 않으면 당신은 언제나 남자가 원하는 만큼 사랑해 주지 않는다는 불만을 가지게 될 것이고 결국 남자는 지쳐서 당신을 떠나가게 될 것이다. 잡힐 듯 잡히지 않는 여자는 매력적이지만 오직 자기밖에 모르고 하루 종일 자신만 생각하는 여자를 남자가 얼마나 피곤해 하는지 안다면 절대로 남자에게 올인을 하고 싶지 않아질 것이다.

이별에 대처하는
우리의 자세

08

DATE ▨▨▨▨▨▨▨

난이도 ○○○○○

복습횟수 □□□

핵심 키워드
이별,
실연,
후유증

틀린 이유
□ 주변 상황
□ 상대방 문제
□ 내 문제
□ 의견 차이
□ 성격 차이
□ 오해
□ 타이밍
□ 기타 (   )

Question

　　　　헤어지고 난 다음 너무 힘이 듭니다. 언제쯤 다 잊을 수 있을지 앞이 보이지 않습니다. 어떻게 해야 이 고통스러운 이별의 수렁에서 벗어날 수 있을까요?

KeyPoint

✓ 최근 실연을 하고 말았다.
✓ 이별의 아픔을 어떻게 잊으면 좋을지 모르겠다.

이 세상에 영원한 것은 없다. 연애도 마찬가지. 언제까지나 계속될 것처럼 영원한 사랑을 맹세하지만 언젠가는 이별의 순간이 온다.

☆ 내가 원한 이별이든 상대가 원했든 혹은 둘이 합의하에 결정을 내린 이별이든 간에 모든 이별은 다 아프다. 그래서 세상에 좋은 이별, 괜찮은 이별은 없다.

이별을 하고 난 다음 우리가 제일 먼저 겪는 것은 익숙했던 모든 것들과의 단절이다. 더 괴로운 것은 이제 끝났다는 것을 머리로는 알지만 마음으로까지는 미처 받아들여지지가 않는다는 것이다. 되돌릴 수 없는 추억들이 불쑥불쑥 나타나 나를 괴롭히고 헤어지면서 받은 상처는 아직 현재진행형이다. 그러나 주변 사람들은 빨리 벗어나라고 한다. 그들은 지금 내가 얼마나 슬픈지 얼마나 아픈지 알지 못한다. 그저 어서 지나간 것은 다 잊고 새 출발을 하라고, 누군가를 만나 다시 사랑하라고 한다.

일부러 채찍을 휘두를 필요는 없다

이별을 하고 나서 아무리 아파도 해서는 안 되는 행동이 있다. 상대에게 다시 매달리는 것. 헤어지고 싶지 않았다면 헤어지는 바로 그 순간에 말했어야 했다.

이미 헤어진 사람에게 매달려서는 안 되는 이유는 자존심을 다치게 되기 때문이다. 그리고 이렇게 한 번 상처 난 자존심은 미처 회복이 되기도 전에 또다시 상처를 받게 된다. 한 번이 어렵지 두 번 세 번 매달리는 것은 더 쉬운 일이 된다. 회를 거듭할수록 다시 잘될 수 있는 기회는 그만큼 더 멀어질 뿐이다.

이별을 하면서 단 한 가지 지켜야 할 것이 있다면 절대로 이별 후에 매달리는 쪽이 되지는 말아야 한다는 것이다.

안타깝게도 헤어진 연인들이 다시 만나서 잘될 확률은 새로운 사람을 사랑하는 것보다 현저하게 낮다. 한 번 헤어진 커플들은 그 헤어짐의 원인이 완전히 개선되거나 없어지지 않는 한 다음번에도 또 똑같은 이유로 다투거나 헤어지게 된다. 연애에 문제가 많은 커플들은 한 번이나 혹은 그 이상 헤어졌다가 다시 만난 커플들이다. 이렇게 만남과 헤어짐을 반복하다 보면 헤어짐이 처음처럼 슬프지는 않다는 느낌이 들 것이다. 그만큼 이별이 주는 고통에 길들여졌다는 증거이다.

사랑하는 사람과 헤어졌을 때는 절대 그때의 감정으로 중요한 무언가를 해서는 안 된다. 정신적으로 일종의 패닉 상태에 있기 때문에 이때 내리는 결정과 행동들은 대개 평소의 나라면 하지 않을 것들이다. 차라리 이럴 때는 한동안 새로운 것은 아무것도 하지 않고 가만히 있거나 비록 수동적이긴 하지만 규칙적으로 반복해야 하는 일들, 이를테면 직장에 출근을 하거나 학교를 가는 등의 정해진 사이클대로 움직이는 것이 가장 좋다.

처음에는 평소처럼 행동한다는 것이 다소 어려울 수도 있겠지만 실연의 상처를 치유하기 위해서는 다른 어떤 방법보다 효과적이다. ☆누구나 사랑하는 사람과 헤어지고 나면 힘들다. 그러나 힘들다고 해서 모든 걸 다 중단할 수는 없는 일이며 그런다고 헤어짐이 좀 더 견딜 만한 무언가가 되지도 않는다. 평상시와 비슷하게 지내는 사람들에게 실연의 상처는 훨씬 짧게 지나간다.

연인과 헤어지고 난 후에 드는 감정은, 그것이 무엇이든 강렬하게 다가온다. 죽을 것처럼 슬프고 심장이 누가 칼로 찌르는 것처럼 아프다. 이때 중요한 것은 그 사람을 잊기 위해 별다른 행동을 해서는 안 된다는 것이다. 술로 잊는다거나 혹은 사람으로 잊는 것은 가장 위험하고 어리석은 선택 중 하나이다.

이별을 하고 난 다음을 지난 사랑을 정리하고 다음의 사랑을 준비하는 일종의 워밍업 단계라고 생각하자. 마음의 고통이라고 해서 영원히 사라지지 않고 남는 것은 아니다. 마음도 치유와 회복이 가능하다. 단지 눈에 보이지 않기 때문에 그 시간이 더디게 느껴질 뿐이다. 내 이별만 유달리 힘든 것 같겠지만 그렇지 않다. 누구나 정도의 차이야 있겠지만 다들 아플 것이다. 내게만 온 헤어짐도, 세상에서 나만 겪는 이별도 아니다. 물론 남의 손에 박힌

가시보다 내 손의 거스러미가 더 아픈 법이지만 이게 세상에 없는 아주 특별한 이별과 고통은 아니라는 얘기다. 사랑은 특별했을 수 있겠지만 이별은 정도의 차이만 있을 뿐, 거의 비슷한 색의 아픔이다.

다만 포커스를 '잊다'와 '벗어나다'에 두지 않기를 바란다. ☆빨리 극복해야 한다는 생각에 자신의 마음에 채찍질을 가하지는 말길. 안 그래도 아픈데 채찍까지 휘두를 필요는 없다.

뭔가를 해내는 게 도저히 무리라는 생각이 든다면 한동안 아무것도 하지 않고 쉬어도 된다. 그러나 쉬기 전에 반드시 정상적으로 그 일들을 소화하려고 노력을 해 본 다음에 쉬도록 하자. 처음부터 해 보지도 않고 난 이렇게 아프니까 아무것도 할 수 없을 거라며 지레 겁을 먹는다면 연애를 하기도 전에 이별을 고민하는 것과 마찬가지다. 나를 과소평가하지도 그렇다고 과대평가하지도 말고 있는 그대로, 내가 뭘 해낼 수 있는지 또 어떤 부분은 애써 무리하지 말아야 하는지 냉정하게 바라보길 바란다.

영원한 이별은 없다

깊은 사랑을 했다가 이별을 한 사람이라면 당연히 회복이 더딜 수밖에 없다. 그러나 상대는 나만큼 아프지 않으리란 생각에 억울해 하지 말자. 이미 헤어진 상대의 상태는 내가 알 수 없다. 그가 지금의 나를 모르는 것과 마찬가지다. 아마 상대도 최선을 다해 당신과의 이별을 견디고 있을 것이다. 설사 그가 먼저 이별 통보를 했다 하더라도 아무렇지 않은 것은 아니다. 나만 아프고 나만 울지, 너는 아무렇지도 않고 웃을 수 있다고 생각하지 말자. 그도 당신을 사랑했었고 당신과 참 많이 닿아 있던 사람이다. 그런 사람이 어제 헤어졌는데 오늘 싹 다 잊고 아무렇지도 않게 살아갈리 없다. 겉으로야 그가 멀쩡하게 직장을 다니고 평소와 별 다를 바 없이 생활하고 있다는 얘기가 들릴지도 모르겠지만 그 속마음은 아무도 알 수 없는 일이다. 남자들은 헤어졌다고 해서 남들 앞에서 슬퍼하는 모습을 보이는 것을 남자답지 못하다고 생각하기 때문에 고통을 내색할 수 없는 것이다.

헤어지고 난 다음에는 그냥 마음이 흘러가는 대로 내버려 두되 다만 제자리에 멈춰서 오래 주저앉아 있지는 말자. 이것만 기억하자. 당신의 이별은 할 만한 이별은 아니라 하더라도 적어도 당신이 견뎌 내지 못할 이별은 아닐 것이다. 모든 게 그러하듯 이별의 아픔도 결국은 지나간다. 내 사랑이 영원히 나와 함께하지 못했듯 그 사람과의 이별 또한 영원히 나와 같이 있지는 않는다.

우리의
연애, 이대로
괜찮은 걸까?

chapter 02

내 연인의
모든 것이 의심된다

DATE

난이도 ○ ○ ○ ○ ○

복습횟수 □ □ □

핵심 키워드
의심,
불신,
사생활,
신뢰관계

틀린 이유
□ 주변 상황
□ 상대방 문제
□ 내 문제
□ 의견 차이
□ 성격 차이
□ 오해
□ 타이밍
□ 기타 (   )

Question

제 남자친구를 믿을 수가 없어요. 사실 우리는 그가 전 여자친구 몰래 만나면서 시작된 사이이거든요. 어쩌면 그는 믿지만 그의 주변 여자들을 믿을 수가 없다고 해야 할까요? 전 수시로 남자친구 몰래 핸드폰을 뒤지는데 그때마다 늘 걸리는 것들이 하나씩 나와요. 남자친구는 별일 아니라고 하지만 제 눈에는 다 보이는데 어떻게 하면 좋을까요?

KeyPoint

✓ 내 연인의 말과 행동을 믿지 못하겠다.
✓ 내 연인의 사생활을 모두 알고 싶다.

가끔 연인의 사생활에 지나치게 간섭을 하는 사람들이 상담을 하곤 한다. 재미있는 사실은 간섭 받는 쪽의 사연보다는 간섭을 하는 쪽의 사연이 더 많다는 것. 이건 바꿔 말하자면 걱정을 덜기 위해 간섭을 하면 할수록 걱정이 더 늘어난다는 얘기가 될 것이다.

이런 상담자들의 대부분이 이미 주위 사람들에게서 너무 심하다는 평을 들은 경험이 있다. 하지만 이들에게도 남자친구가 너무 잘생겨서, 평소 여자에게 인기가 많다거나, 혹은 여자들이 더 많은 곳에서 일을 하는 등, 분명히 이유는 존재한다. 하지만 저 이유만으로 수시로 핸드폰을 뒤져서 이성들의 번호는 다 지워 버리고 SNS 등 가상공간에서의 이성 친구들마저 모조리 차단한다는 것은 아무래도 지나친 행동이다.

싸움의 원인은 언제나 남자친구 주변의 이성들 때문인데 그들이 바람을 피우고 있기 때문이 아니라 내 눈에는 썸을 탈 가능성이 보인다는 이유가 대부분이다. 즉 상대가 진짜 외도를 하거나 다른 이성과의 문제를 일으켰다기보다는 그런 문제를 일으킬지도 모른다는 앞선 걱정 때문에 이 모든 일들이 벌어지곤 한다는 것이다.

왜 의심을 사서 하는가

그렇다면 우리가 연인을 믿지 못하고 간섭하게 되는 진짜 이유는 뭘까? 내 남자친구는 바람기가 다분해서? 질투심? 아니면 다른 무슨 이유가 있는 걸까?

우선 살펴봐야 할 것은 지금 내 남자친구가 아닌 내 연애의 과거이다. 전 남자친구가 바람을 피웠다거나 혹은 한 번이라도 바람을 피워 본 사람들은 그 사건과 아무런 상관이 없다 하더라도 현재 상대의 사생활에 지나치게 간섭한다.

연애를 하면서 상대의 사생활에 전혀 간섭하지 않기는 쉽지 않다. 그러나 일일이 다 간섭하는 것은 현실적으로 불가능하기 때문에 내가 보지 못하고 존재하지 않는 곳에서도 내 연인은 나만을 사랑한다는 것을 어느 정도는 믿어 주어야 한다. 만약 이런 믿음이 없다면 사랑은 집착으로 변한다.

상대의 핸드폰을 뒤져서 아무것도 안 나오면 이미 내가 뒤질 것을 알고 싹 다 정리했다고 생각하고, 차 안에서 발견된 영수증 한 장은 바람의 결정적인 증거처럼 느껴진다. 증거란 것들은 대부분 어쩌다 발견하게 되었다거나 눈에 보인 것들이 아닌 적극적인 개입을 해서 찾아낸 것들이다. 그렇다보니 당연히 상대로부터 불만이 터져 나온다.

아무리 사랑한다 하더라도 연인에게 오픈할 수 있는 부분이 있고 그렇지 않은 부분이 있는 법이다. 하지만 이들에게 지켜야 할 선 같은 것은 이미 사라져 버린 지 오래다. 연인의 모든 것을 다 뒤질 수 있고 간섭할 수 있다고 생각한다. 그리고 그 모든 간섭과 개입은 사랑하는 사이라는 이유로 정당화된다. 하지만 이게 진짜 사랑은 아니다. 사랑한다면 믿어 주는 부분이 분명히 있어야 함에도 불구하고 일단 내 연인이 거짓말을 한다거나 무언가를 숨기고 있다는 의심에서 출발하기 때문이다.

앞서 말한 부분을 다시 한 번 생각해 보자. '나는 왜 내 남자친구를 믿지 못하게 되었을까?'의 출발 지점으로 돌아가는 것이다. 그에게서 무언가 미심쩍은 구석이 보였을 수도 있겠지만 그의 행동보다 내 마음이 더 먼저가 아니었는지, 이미 남자라는 존재는 누구를 막론하고라도 기회만 있으면 바람을 피우는 존재들이라 생각하게 된 이유가 무엇인지, 그게 혹시 나의 경험이나 나의 과거 때문에 들기 시작한 의심과 걱정은 아니었는지 잘 생각해 보길 바란다.

사랑해도 정당화할 수 없는 것들

언젠가 일 문제의 연장으로 한 남자와 술을 마신 적이 있었다. 그런데 그다음 날 저녁 모르는 번호로 전화가 왔다. 그 여자는 다

짜고짜 둘이 무슨 사이냐고 캐물었고 나는 대답에 앞서 이런 질문을 하는 상대가 누군지를 물었다. 그가 기혼자였기에 당연히 와이프이겠거니 생각했는데 아니었다. 그녀는 바로 그 남자의 내연녀였다. 우리의 관계가 그저 일을 함께 하는 사이라는 것을 밝히는 과정은, 사실 그녀가 그의 와이프라고 해도 기분 나쁠 일이다. 그런데 그것을 내연녀에게 밝히고 있자니 찝찝하기 그지없었다. 나중에 그에게서 사과를 받기는 했지만 그 찝찝함은 쉽게 사라지지 않았다.

내연녀는 자신이 있음에도 불구하고 그가 툭하면 다른 이성을 기웃거린다는, 내가 군이 알 필요도 알아야 할 이유도 없는 정보를 덤으로 알려 주었다. 정작 자기 자신도 누군가를 속이고 만나는 존재이면서 상대가 그런 관계를 하나 더 만들까 봐 걱정해야 했던 그녀는 자신과 상대의 시작이 그러했기 때문에 또다시 그럴 가능성이 농후하다고 생각한 것이다. 더 이상한 것은 두 사람다 서로를 믿지 못한다는 것이었다. 대체 이렇게 서로를 의심하는데도 제대로 된 관계가 유지되는 게 더 이상할 만큼 그들은 한 번바람을 피웠는데 두 번 못하고 세 번 못하겠냐며 서로가 서로를 의심하고 있었다.

중요한 것은 이후 관계를 어떻게 결론 내렸냐는 것이다. 헤어졌다면 그건 더 말할 부분이 없다. 그런데 그냥 용서하고 넘어가 주는 선택은 간혹 문제를 일으킨다. 이후 상대를 전혀 믿지 못하는 것이다. 관계가 지속되는 내내 얼마든지 의심이 가능하고 그 의심이 단지 의심인지 아닌지 대놓고 간섭하거나 상대의 사생활을 몰래 뒤지는 것 또한 가능하다. 네가 한 행동을 지금은 넘어가 주지만 넌 언제든 그럴 가능성이 있기 때문에 앞으로 항상 나에게 보고해야 하며, 또 필요하면 얼마든지 내가 널 뒤지고 캐낼 수 있다는 건 용서가 아니다. ☆너를 믿지 못해서 끊임없이 의심하는 '나'와 그런 나 때문에 사생활을 수시로 침범당하는 '너'가 하는 사랑은 사랑이 아니라 단지 집착에 불과하다.

지금의 연인이 실제로 한눈을 팔았지만 이번 한 번만 용서하고 관계를 지속해 나가든 아니면 과거 내 연인이 그러했든 또는 나 자신의 경험이든, 중요한 것은 과거는 과거로 종결을 지어야 한다. 계속해서 의심하는 것이 그만큼 안전한 길로 간다는 뜻은 아니다. 할 사람들은 무슨 방해가 있든 하게 되어 있고 하지 않을 사람은 어떤 위험한 상황에 노출되어도 하지 않는다. 즉 이 문제는 당신이 연인의 사생활을 더 많이 간섭한다고 해서 방지되는 문제도 아니며, 막을 수도 없다. 사랑에 있어 가장 중요한 것이 믿음이다. 이 믿음에 대해 기본적으로 신뢰할 수 없는 관계라면 그 관계는 깨끗하게 정리하는 것이 서로를 위해 더 나은 선택이다.

사내 연애 & 캠퍼스 커플,
우리는 괜찮은 걸까?

DATE ▨▨▨▨▨▨▨

난이도 ○○○○○

복습횟수 ☐ ☐ ☐

핵심 키워드

**사내 연애,
캠퍼스 커플**

틀린 이유

☐ 주변 상황
☐ 상대방 문제
☐ 내 문제
☐ 의견 차이
☐ 성격 차이
☐ 오해
☐ 타이밍
☐ 기타 (   )

Question

저는 학교 다닐 때도 늘 캠퍼스 커플이었어요. 졸업을 하고 바로 직장에 들어가서도 얼마 지나지 않아 사내 커플이 되었고요. 지켜보는 사람들이 많아 부담스럽기는 하지만 매일 얼굴을 볼 수 있다는 장점도 있습니다. 사내 연애와 캠퍼스 커플, 주의해야 할 점은 무엇이 있을까요?

KeyPoint

✓ 사내 연애, 혹은 캠퍼스 커플이다!
✓ 같은 조직 안에서 연애를 하고 있다.

　　대학을 다닐 때 우리는 캠퍼스 커플이었던 경험이 있거나 혹은 캠퍼스 커플을 본 적이 있을 것이다. 직장에서도 마찬가지다. 사내 연애 금지 조항이 있지 않는 한 비혼 남녀가 있는 곳에서는 어떤 식으로든 썸씽이 일어나게 마련이다. 사내 커플이나 캠퍼스 커플의 장점은 무엇보다도 함께 있는 시간이 많다는 것. 그런데 꼭 이런 장점만 있는 걸까?

　　데이트를 할 때는 애틋해야 하는데 낮에 학교나 직장에서 늘 봤던 얼굴이기 때문에 퇴근 후 따로 만나도 별로 새로운 느낌이 없다. 거기다 헤어지기라도 하면 사람들 사이에서 소문이 나는 건 시간 문제이다. 이별을 굳이 숨길 필요는 없지만 그래도 자신들의 지난 연애사가 사람들에게 다 까발려지는 것은 힘든 일이다. 그러나 무엇보다 가장 어려운 일은 이미 헤어진 연인에 대한 소식을 듣는 정도가 아니라 계속 얼굴을 마주해야 할 경우일 것이다.

　　이별이 누구에겐들 쉽겠는가만 헤어진 연인과 계속 부딪쳐야 하고 혹여 상대에게 좋은 사람이라도 생기면 바로 알게 되는 것은 별로 좋을 것 같지는 않다.

조직 안에서의 연애가 힘든 이유

우리가 꾸준하게 캠퍼스 커플이 되고, 사내 연애를 하는 이유는 아마도 가장 손쉽게 연애가 가능하기 때문일 것이다. 굳이 소개팅이나 미팅을 하지 않아도 회사와 학교에는 남자들이 가득하다. 거기다 바로 연애를 시작하는 게 아니라 좀 지켜본 다음 연애를 시작할 수 있다는 것 또한 큰 장점이다. 섣불리 시작했다가 빨리 끝나는 것보다는 훨씬 안전한 선택이 가능한 셈이다.

문제는 여기서 발생한다. 소위 검증된 사람을 만날 수는 있겠지만 사귀기도 전에 서로에 대한 사전 정보가 지나치게 노출된다는 것. 연애를 하면서 천천히 알아 갈 수도 있는 부분에 대해서마저 다 알게 된다. 우리는 처음 연애를 시작하면 상대의 식성이나 버릇 같은 것은 알 수 없다. 하지만 사내 커플들은 다르다. 그들은 식성과 버릇뿐 아니라 어떻게 일을 하는지도 다 알고 시작하는 사이다. 사실 아무리 연애를 오래 해도 상대가 회사에서 어떤 모습으로 일을 하는지는 알기 힘들다. 때문에 그것은 일종의 미지의 영역으로 남아 있기 마련이다. 그러나 사내 연애를 생각해 보라. 그 사람이 무슨 일을 하는지 모를 수가 있을까? 같은 부서가 아니라 하더라도 말을 물어다 나르는 이들이나 소문을 통해 충분히 알 수 있다.

사내 연애의 단점은 이뿐만이 아니다. 누구나 연애를 할 때 상대에게 보이고 싶지 않은 모습들이 있다. 하지만 적어도 회사 안에서 벌어지는 일에 대해 서로에게 숨긴다는 것은 불가능에 가깝다. ☆ 사내 연애로는 마치 연예인이 공개 연애를 하는 것과 마찬가지다. 원하든 원치 않던 사람들의 시선과 평가 속에서 자유로울 수가 없다.

나도 한때 사내 연애를 해본 적이 있었다. 처음에는 아무것도 모르는 사람을 만나 처음부터 시작하는 것보다 이미 알 만큼 아는 사람을 만나서 연애를 하니 편하다는 생각이 들었다. 억지로 내숭을 떨 필요도 없고 내가 어떤 사람인지 설명을 할 필요도 없었다. 내가 다른 남자 사원들이 아닌 그를 선택한 이유는 그의 인품과 품성 때문이었다. 그는 여직원들 사이에서 평판이 좋았고 늘 모두에게 친절했다. 하지만 나중에는 그 친절이 문제가 되었다. 이 남자는 나에게만 친절한 것이 아니라 회사의 모든 여자들에게 다 친절했다. 차라리 모르면 모를까 같은 회사에서 근무를 하기 때문에 모를 수도 없었다. 내 남자가 인기가 많은 것과 그가 모든 여자들에게 다 친절해서 인기가 많은 것은 전혀 다른 문제였다. 그래서 우리는 이 문제로 참 많이도 다투었다. 그는 사람들에게 친절한 것이 뭐가 문제가 되느냐고 했지만 내게는 문제였다. 나에게만 친절하고 나만 바라봤으면 했던 내게, 모두에게 늘 친절하고 자상한 남자는 버거웠다. 결국 사내 연애의 봄날은 짧게 끝이 났다. 하지만 뒤이어 연애보다 더 힘든 일이 기다리고 있었는데 그건 바로 우리를 둘러싼 소문이었다.

누가 공개적으로 이별을 말하고 싶겠는가. 하지만 사내 연애는 그게 불가능했다. 천천히 알리고 싶다 하더라도 당장 다음날이면 누구랑 누가 사귀다가 헤어졌다는 소문이 쫙 퍼지는 곳이 회사였다.

데이트는 둘이서만, 가능하면 비밀로 하라

지금 사내 연애 중이거나 캠퍼스 커플 혹은 동아리 커플들에게 해 주고 싶은 충고는 관련된 사람들과 너무 자주 함께 데이트를 하지 마라는 것이다. 물론 함께하는 시간이 더 많아질수록 사랑도 돈독해지겠지만 데이트는 둘이서만 해야 한다.

만약에라도 연인관계가 깨어질 경우 사람들은 깨어진 커플들을 배려한답시고 이들이 한 자리에서 어쩔 수 없이 마주쳐야 하는 상황을 최소화 해 주기 위해 모임에 잘 부르질 않는다. 그렇다고 남자만 부르자니 여자가 마음에 걸리고 여자를 부르자니 반대로 남자가 걸린다. 그래서 아예 두 사람 다 부르지 않는 경우가 생기는데 이렇게 되면 회사생활이나 학교생활이 상당히 피곤해진다. 비록 연인 사이는 끝났다 하더라도 계속 그 그룹의 일원으로 남아야 하기 때문에 사람들이 모임에 부르지 않는다거나 우리 두 사람의 눈치를 보지 않아도 되도록 될 수 있으면 데이트에는 이들을 동행하지 말 것. 그리고 설사 함께 모이는 자리라 하더라도 둘만 붙어서 이야기한다거나 둘이서만 노는 행동은 최대한 자제를 해야 한다.

반대로 모임에 너무 불충실하게 두 사람만 빠지는 일도 자제해야 한다. 커플일 때는 오지도 않던 모임에 어느 날 헤어지고 난 다음 모습을 보인다면 사람들의 시선은 결코 곱지 않을 것이다. 꼭 참석해야 할 모임에는 적당히 참석을 하고 그렇지 않은 사적인 데이트는 둘이서만 하라고 권하고 싶다.

마지막으로 두 사람이 정말 확고한 마음이 없다면 되도록 비밀연애를 권한다. 얼마 가지 않아서 금방 소문이 날 수도 있겠지만 아직 연애 초기 단계인데 사람들에게 알렸다가 괜히 빨리 헤어지기라도 하면 서로 불편해지기 때문이다. 해서 연애 중기 정도에 접어들었을 때 주변 사람들에게 자연스럽게 알리는 것이 가장 좋은 방법이다. 그리고 절대 두 사람만 튀는 행동을 하지 않아야 헤어지고 난 다음에도 뒷말이 나올 일을 최소화할 수 있다는 것을 잊지 말자.

내 남자친구는
나쁜 남자입니다

DATE |||||||||||||||||||

난이도 ○ ○ ○ ○ ○

복습횟수 □ □ □

핵심 키워드
나쁜 남자

틀린 이유
□ 주변 상황
□ 상대방 문제
□ 내 문제
□ 의견 차이
□ 성격 차이
□ 오해
□ 타이밍
□ 기타 (   )

Question

저는 소위 나쁜 남자를 만나서 연애를 하고 있습니다. 주변에서는 모두들 나쁜 남자라고 그만하라고 하지만 도저히 그럴 수가 없습니다. 대체 내가 왜 이 남자에게 끌리는 건지 나 자신에게도 제대로 설명할 수 없습니다. 저는 왜 나쁜 남자를 만나는 걸까요?

KeyPoint
✓ 내 남자친구가 나쁜 남자인지 궁금하다.
✓ 나쁜 남자를 만났을 때, 어떻게 해야 할까?

먼저 연애에 있어 나쁜 남자란 어떤 남자인지 먼저 짚고 넘어가 보자. 김기덕의 영화 〈나쁜 남자〉에 나왔던 그런 남자는 나쁜 남자가 아니다. 그냥 그건 나쁜 놈 정도로 표현해도 부족할 정도의 남자이다. 누가 봐도 악인이며 악행을 저지르는 남자는 연애에 있어 나쁜 남자라기보다는 그냥 나쁜 인간이라고 해도 무방하다.

그렇다면 연애에서 말하는 나쁜 남자는 어떤 남자일까? 대략 두 가지 정도로 나눌 수 있는데, 첫째는 온갖 스킬을 다 구사해서 사랑에 빠지도록 만들어 놓고 정작 자신은 일종의 유희였을 뿐일 때, 두 번째는 남에게는 그러지 않지만 나에게만 나쁜 남자, 즉 나에게 소홀하고 관심도 쏟지 않는 그런 남자가 바로 나쁜 남자다. 여기에 추가로 나를 만나는 목적이 사랑이나 연애가 아닌 다른 것에 있는 남자 역시 나쁜 남자이다.

우리는 왜 나쁜 남자들에게 끌리는가?

나쁜 남자를 만나야겠다고 결심하고 만나는 사람은 없다. 어쩌다 보니 나쁜 남자를 만나서 마음고생을 하게 되는 것이다.

나쁜 남자들에게 진심이나 사랑을 바란다면 그건 거의 불가능한 일이다. 왜냐면 그들은 진심으로 누군가를 사랑할 마음이 전혀 없는 남자들이니까. 그들은 여태까지 경험에서 배운 스킬로 어떻게든 여자를 정복하는 것, 그리고 즐기는 것밖에는 관심이 없다.

그럼 여기서 궁금한 점이 생긴다. 여자들은 도대체 왜 나쁜 남자에게 끌리는 것일까? 답은 의외로 간단하다. 여성의 마음속에 내재되어 있는 복종의 욕구 때문이다.

소위 잘나가는 여자들이 이상하게 나쁜 남자들을 더 많이 만나게 되는 것은 그들이 단지 나빠서가 아니라 나쁘다 하더라도 그것을 상회하고도 남는 다른 매력 때문이다. 그럼 대체 그 매력이 뭐기에 똑똑하고 잘난 여자들조차 나쁜 남자에게 빠지게 되는 것일까?

나쁜 남자의 매력은 여러 가지가 있겠지만 우선 사람을 사로잡는 부드러운 카리스마를 빼놓을 수가 없다. 그들은 절대 마초같이 굴지 않고 여자의 마음을 잘 헤아려 주며 이해와 공감 능력이 탁월하다. 해서 여태까지 남자들의 소위 남자다움에 질려 있었던 여자들은 마치 같은 여자들처럼 나에게 공감해 주는 나쁜 남자에게 빠지게 되는 것이다.

우리가 흔히 생각하기에 나쁜 남자들은 잘생긴 외모를 자랑할 거라 생각하지만 전혀 그렇지 않다. 오히려 그들은 우리가 경계하지 않을 정도의 평범한 외모를 가졌다. 하지만 그들에겐 보통 남자보다 월등한 면이 있는데, 바로 말을 잘한다는 것이다. 희대의 카사노바도 오히려 외모는 평범했지만 화술이 뛰어났고, 여자들은 그가 여러 여자를 만나고 다니는 나쁜 남자임을 알지만 쉽게 빠져들었다고 한다.

우리가 그런 나쁜 남자에게 끌리는 또 다른 이유는 이들이 아무리 잡으려 해도 잡히지 않고, 이제는 내 남자구나 하는 안심을 할 수 없게 만드는 것도 한몫을 한다. 남자도 그렇지만 여자도 마찬가지다. 일단 내 사람이 되었다고 생각하면 전보다는 조금 덜 신경을 쓰게 된다. 한참 연애를 시작할 때 그 사람과 관계된 것이 일상의 거의 대부분을 차지했다면 안정기에 접어들면서는 남자뿐 아니라 일이나 그 외의 문제들에 대해서도 동시에 처리를 하게 된다. 그러나 ☆남자가 계속해서 안정감을 주지 않는다면 여자들은 끊임없이 그들을 갈망하게 되어 있다. 이건 마치 목이 마른데 물이 아닌 탄산음료를 마시는 것과 같다. 마시면 마실수록 갈증만 더할 뿐이다.

나쁜 남자를 사랑하기에 당신은 너무 괜찮은 사람이다

나쁜 남자가 사랑을 줄 수는 있다. 오히려 그 어떤 남자들이 준 사랑보다 달콤하고 영화 같은 사랑의 감정을 느낄 수 있게 해 줄 것이다. 하지만 그들에게 믿음이라는 잣대를 가져다 댄다면 이야기는 전혀 달라진다. 물론 이들은 말은 청산유수라서 자신을 믿으라고 혹은 믿을 수밖에 없는 말들을 했을 것이다. 하지만 나쁜 남자의 대부분이 믿음이라는 부분에 대해서는 좋은 점수를 얻기 어렵다. 왜냐면 이들에게 진심이 필요한 믿음이란 애초부터 존재하지 않기 때문이다. 그럼에도 불구하고 나쁜 남자를 사귀는 여자들은 이 불안전한 믿음에 대한 부분마저도 그 남자가 너무 매력적이라 생기는 어쩔 수 없는 부산물 같은 거라 생각한다.

　나쁜 남자를 만나는 여자가 가장 마음고생을 많이 하는 부분이 있는데 그것은 바로 그 나쁜 남자에게 여자가 나 하나가 아니라는 불안감이다. 나쁜 남자들은 당신에게 사랑한다고 말하고 나서 바로 다른 여자에게도 똑같은 말을 할 수 있는 남자들이다. 나쁜 남자를 사귄다는 것은 내 남자를 공유 폴더에 올려놓는 거나 마찬가지다. 이들은 굳이 자신에게 다른 여자가 있다는 것을 숨기지 않는다. 숨기는 것이 문제를 더 복잡하게 만들기 때문에 아예 나쁜 남자들은 이 부분에 대해 솔직하게 이야기를 한다. 그럼에도 여자들은 기꺼이 그 나쁜 남자의 수많은 여자 중 하나가 되기를 자청한다. 이런 여자들의 마음속에는 이 남자가 아직 진정한 사랑에 눈을 뜨지 않았기 때문이지 나를 만나 진짜 사랑을 하게 된다면 달라질 거라는 믿음이 있다. 하지만 그런 일은 좀처럼 일어나지 않는다. 이미 그들에게 사랑이란 단 한 사람만 사랑하고 그 한 사람만 바라보는 그런 의미가 아니기 때문이다.

나쁜 남자에게 끌리는 여자들은 가부장적인 아버지 밑에서 자란 경우가 많은데 어릴 때는 아버지의 강압적이고 보수적인 부분 때문에 힘들어하지만 막상 나중에 연애를 하게 되면 아버지와는 조금 다른 부분에서의 나쁜 남자를 찾게 된다. 이상하게 들리겠지만 그녀들에게 남자란 복종을 할 수 있는 존재를 뜻하기 때문이다. 나쁜 남자에게만 매력을 느낀다면 당신의 유년기에 아버지가 남성으로서 어떤 모델 역할을 했는지를 잘 생각해 보길 바란다.

나쁜 사랑은 순간적인 매력이나 몰입도는 굉장하지만 문제는 이것이 길게 가지도 않을 뿐더러 상대는 전혀 사랑이었다고는 생각하지 않는다는 것이다.

지금이라도 나쁜 남자만 찾아서 연애를 했다면 당장 나쁜 남자를 끊기 바란다. 세상에는 나쁘지 않아도 매력을 갖춘 남자가 얼마든지 있다. 그리고 나쁜 남자를 사랑하는 데 쏟기에는 당신의 시간과 정성이 너무 아깝지 않은가.

쉽게 질리는 여자라는
말을 들었다면

DATE ▓▓▓▓▓▓▓▓▓▓

난이도 ○ ○ ○ ○ ○

복습횟수 □ □ □

핵심 키워드
부담,
질리는 여자

틀린 이유
□ 주변 상황
□ 상대방 문제
□ 내 문제
□ 의견 차이
□ 성격 차이
□ 오해
□ 타이밍
□ 기타 ( )

Question

저와 연애하는 남자들은 제게 질린다는 말을 곧잘 하곤 해요. 부담스럽다고도 하고요. 저는 도무지 그 이유를 모르겠어요. 제가 뭘 잘못한 걸까요? 대체 저의 어떤 면이 남자를 질리게 만드는 걸까요?

KeyPoint

✓ 애인에게 모든 것을 퍼 주는 나, 부담스러울까?

✓ 어떤 여자가 쉽게 질릴까?

혹시 영화 〈내 아내의 모든 것〉을 본 적이 있는가? 그 영화의 주인공인 연정인은 "학교 다닐 때 인기 많았겠어요?"라는 질문에 이렇게 대답한다. 자신의 별명이 3개월이었다고, 처음에는 자기 얼굴을 보고 접근한 남자들과 석 달만 지나면 다 싸우고 있어서 학기가 끝날 즈음에는 거의 원수 사이처럼 되어 있다고. 연정인은 성깔 있고 잔소리가 많아서 그럴 수 있다 생각하겠지만 아니다. 그녀는 쉽게 질리는 타입의 여자였기 때문이었다.

남자들은 벗겨도 벗겨도 무언가가 나오는 양파 같은 여자를 원한다. 단 한 시간 만에 혹은 며칠 만에 금방 다 파악할 수 있는 여자는 매력이 없다. 그러나 매력이 없다는 것이 꼭 질리는 타입이라는 얘기는 아니다. 여기에는 연정인처럼 뭐든 속전속결로 끝내는 여자, 지나치게 말이 많은 여자, 항상 조증인 것 마냥 에너지가 넘쳐흐르는 여자도 포함이 된다.

얼굴이 아주 예쁜 여자라 하더라도 금방 질리는 타입이 있는가 하면 인형같이 예쁘지는 않지만 매력이 있어서 보면 볼수록 예쁘게 보이는 여자도 있다. 연애도 마찬가지다. 처음 시작할 때는 너무나 괜찮은 여자를 만났다는 것에 남자는 무척 감동을 하게 된다. 세상에 이렇게 현명하고 유머러스하고 박식한 여자가 내 여자라니 하며 거의 로또에라도 당첨된 양 기뻐한다. 하지만 3개월이 지나 만나 보면 그 남자들 모두 얼굴에 빗금이 그어져 있다. 상대

와 에너지의 균형이 맞지 않아 그의 연애가 너무 피로하기 때문
이다.

질리는 여자라는 소리를 듣는 이유

남자가 피곤해 하는 여자는 일단 말이 많은 여자다. 물론 TV
에는 한 순간도 쉬지 않고 속사포처럼 말하는 여자가 매력적으로
나온다. 그러나 실제로 그런 여자를 만나면 남자는 물론이고 같은
여자라도 피곤함을 느끼게 된다. 말이 많은 여자는 타인에게 말
할 기회를 주지 않는다. 일부러 주지 않는 것은 아니다. 이런 사람
들은 자기가 말할 시간도 부족하다 생각해 타인이 말을 하는 동
안에도 속으로 자신이 해야 할 말을 생각한다. 리액션을 하더라도
"그래? 난 말이지……" 하며 또다시 자신의 이야기가 시작된다. 이
런 여자의 입을 다물게 하는 방법은 거의 없다고 봐도 무관하다.
말이 많은 여자가 쉽게 질리는 이유는 그 말들이 주로 자신에
관한 얘기이기 때문이다. 난 이런 사람이고, 이건 이래서 싫고, 저
건 저래서 좋고, 상대가 시간을 들여 알아 가야 할 부분을 다 자기
입으로 미리 얘기를 해 버린다. 또 말이 많으면 그만큼 말실수도
많이 하게 되어 있다. 해서 하지 않아도 될 이야기를 하거나 실언
을 할 위험도 그만큼 높아진다.

또 입만 열었다 하면 불평과 불만으로 가득한 여자도 처음에는 모르겠지만 보면 볼수록 지겨운 여자다. 처음에야 자기 생각과 의사를 분명히 표현하는 여성 정도로 보이지만 시간이 조금만 흐르면 이 여자는 투덜이 스머프처럼 이 세상 모든 것이 다 자기 마음에 들지 않는 건가 하는 생각이 든다.

남자에게 의지하고 기대는 여자도 부담스럽기는 마찬가지다. 혼자서는 아무것도 해결하지 못해서 뭐든 남자친구에게 해 달라고 하는 여자, 자신이 생각하고 판단해야 할 문제도 남자가 대신 생각하고 결론을 내려 주길 바라는 여자는 아직 정신적으로 유아기를 벗어나지 못한 여자처럼 느껴진다. 물론 남자들은 보호 본능을 자극하는 여자에게 약하다. 하지만 그건 어디까지나 외모에서나 그렇지 실생활에 있어 아무것도 못하고 남자가 다 해 줘야 하는 여자를 의미하는 것은 아니다. 모든 걸 남자에게 기대고 그가 대신 해 주길 바라는 여자는 결국 남자에게 짐 같은 존재다. 다시 말하지만 보호 본능을 자극하는 부분은 따로 있다. 그것은 남자가 충분히 해 줄 수 있는, 전혀 부담을 느끼지 않을 만한 일에서나 그렇지 남의 인생을 대신 살아 준다 싶을 정도로 모든 것을 다 해결해 달라고 하는 것은 보호 본능을 훨씬 넘어선 영역의 일이다. 당연한 얘기지만 당신은 그 남자의 연인이지 딸이 아니다.

저 위에 나열한 것과 다르게 남자가 지겨워하는 여자는 내내 사랑 타령만 하는 여자이다. 사랑을 하게 되면 사랑에 대해 생각하고 말하게 되어 있다. 하지만 이런 여자들은 모든 일을 다 함께 하려고 하고 잠시라도 떨어져 있지 않으려고 한다. 마치 사랑을 하기 위해 태어난 사람처럼 상대방의 일이나 사생활은 전혀 고려하지 않은 채, 우리는 연인이고 사랑하는 사람이기 때문에 모든 것을 같이 공유하고 함께 나누어야 한다고 생각한다. 이런 여자는 남자에게 숨 쉴 틈을 주지 않는다. 그야말로 이 사랑에 내가 숨이 막혀 죽겠다는 느낌만 들 뿐이다. 사랑을 주는 게 아니라 거의 융단 폭격을 하는 수준이 되어 버리면 곤란하다.

양파 껍질을 천천히 벗길 것

데이트라는 것은 서로 마음과 시간이 잘 맞는, 그래서 어느 한쪽도 불편함이 없을 때가 가장 자연스럽고 진도도 적당하게 나가게 되어 있다. 하지만 이런 일방적인 태도의 여자들은 모든 것의 주도권을 자기가 잡으려고 한다. 주도권 싸움에서 이기기 위해서가 아니라 자기 마음대로 하기 위해서다. 그래서 처음에는 매력적으로 보였던 여자도 점점 시간이 지날수록 지겨워지는 것이다. ☆여자인 우리가 가지고 있어야 할 마지막 무기는 신비감이다. 나에 대해 모든 것을 다 노출하는 것은 사랑이 아니라 지나친 정보 제공일 뿐이다. 상대에게도 생각하고 판단할 시간과 여유를 주어야 하는데 쉽게 질리는 여자들은 그 모든 것들을 견디지 못하고 자신이 대신 해 주려고 한다. 자기의 말 한마디면 금방 알게 되는 것을 왜 그렇게 시간과 공을 들이는가 하고 의아해한다.

우리는 속에 뭐가 있을지 모르는 양파 같은 사람이 되어야 한다. 남자가 나에게 반하게 하겠다는 생각에 나에 대해 너무 많은 말을 하면 그건 양파 껍질을 벗기는 것이 아니라 단박에 양파를 반으로 갈라서 그 속을 보여 주는 것과 마찬가지다. 그렇게 되면 진도는 빨리 나갈 수 있겠지만 대신 그만큼 상대를 쉽게 질리게 만든다. 당신에 관한 거의 모든 것은 당신을 사랑하는 그가 알아가야 할 문제다. 따라서 타인의 몫까지 빼앗으면 그 연애에도, 또한 그 여자에게도 쉽게 질리게 된다.

문제가 생기면
잠수 타는 남자

05

DATE [   ]

난이도 ○ ○ ○ ○ ○

복습횟수 □ □ □

핵심 키워드

잠수,
동굴에 들어가는
남자,
연락 두절

틀린 이유

□ 주변 상황
□ 상대방 문제
□ 내 문제
□ 의견 차이
□ 성격 차이
□ 오해
□ 타이밍
□ 기타 (   )

Question

제 남자친구는 어떤 문제가 생기면 저와 의논해서 해결할 생각을 하지 않고 언제나 혼자 잠수를 타 버립니다. 그동안 저는 그 남자가 동굴 밖으로 나오길 하염없이 기다립니다. 대체 왜 이렇게 하는 걸까요? 전 당연히 연인이라면 함께 문제를 해결해야 한다고 생각해요. 이런 제 생각이 더 맞는 거 아닌가요?

KeyPoint

✓ 시도 때도 없이 잠수 타는 남자친구 때문에 고민.
✓ 잠수 타는 남자친구, 어떻게 대처해야 할까?

연애 상담을 하다 보면 여자들이 도저히 이해할 수 없는 부분으로 꼽는 것 중 으뜸이 '왜 내 남자는 잠수를 타는가?' 이다.

남자들이 잠수를 타는 이유는 대개 두 가지로 압축이 된다. 첫 번째는 여자친구와 심하게 다투었을 경우, 두 번째는 자신의 신변에 무언가 문제가 생겼을 경우이다. 둘 다 여자에게 힘들기는 마찬가지다.

여자들은 문제가 생기면 대화로 풀어야 한다고 생각하지만 남자들의 생각은 다르다. 그들은 직접적인 해결책이 나오지 않는 한 말은 그다지 쓸모가 없다고 생각한다. 그들에게 중요한 것은 문제의 해결이다. 남자들은 문제의 본질을 꿰뚫거나 혹은 그 문제를 다각도로 분석하는 것 따위는 피곤하기만 할 뿐, 문제 해결에 아무런 도움도 주지 못한다고 생각한다.

남자는 왜 동굴에 들어갈까?

이 장에서 이야기하고 싶은 것은 두 번째 이유로 잠수를 타는 남자에 대한 것이다. 우리는 사랑을 하면 좋은 것뿐 아니라 나쁜 일도 서로 공유해야 한다고 생각한다. 좋을 때만 서로 연락을 하고 무언가 안 좋은 일이 생기면 연락하지 않는 것은 여자 입장에서는 사랑이 아닌 거다. 그런데 잠수를 타는 남자들은 힘든 일은 차라리 혼자 해결하는 게 낫지 굳이 여자친구에게 말해서 같이 겪을 필요가 있냐고 반문한다.

그럼 이 남자들은 도대체 왜 혼자 끙끙 앓는 길을 택하는 걸까? 바로 자존심 때문이다. 그들은 둘 사이에 벌어진 문제도 아닌 자기 자신의 문제라면 그런 것 하나 혼자 해결하지 못하는 남자는 남자도 아니라고 생각한다. 여자친구에게 모든 걸 다 이야기하는 것은 남자답지 못하고 여자친구 앞에서 초라해지는 길이라고 믿는다. 남자들은 내 여자 앞에서는 그 누구보다 듬직한 남자가 되길 원한다. 자신은 언제나 여자의 문제를 들어주고 싶지 자신이 문젯거리가 되고 싶지는 않기 때문이다. 여자에게 존중을 넘어 존경까지 받고 싶어 하는 남자들일수록 이런 경향은 더 심하게 나타난다.

나 역시 그런 경험이 있었다. 남자가 당분간 연락하지 말고 자기가 연락할 때까지 기다리라고 했는데 대체 이유를 가르쳐 주지 않았다. 처음 일주일은 그러려니 하고 넘겼지만 한 달이 지나갈 즈음 도저히 참을 수가 없었다. 대체 얼마나 대단한 문제라서 한 달씩이나 우리가 서로에게 부재중이어야 하는지 이해할 수 없었기 때문이었다. 결국 나는 먼저 전화를 했고 남자친구와 심하게 다툰 다음 헤어지게 되었다. 그 이후 몇 번의 연애를 통해 전 남자친구가 왜 그랬는지를 알 수 있었다.

명심하자. 남자들 중에서는 자신이 힘든 일이 있을 때 그걸 여자친구에게 말하지 않고 어떻게든 혼자 해결한 다음 다시 괜찮아졌을 때 다시 연락을 하는 남자들도 많다는 것을 말이다. 우리는 도저히 납득이 가지 않지만 그건 일종의 배려였던 셈이다. 둘 사이의 일도 아닌데 여자친구에게까지 걱정을 시키고 싶지는 않은 마음에서 그러는 것이다. 하지만 우리는 그걸 도저히 배려로 받아들이지 못한다. 걱정을 해도 함께 걱정을 하는 게 당연하다. 연락이 두절되면 여자들은 온갖 최악의 상상을 다 하기 때문이다. 차라리 남자의 말을 듣고 문제를 정확하게 파악한 후에 하는 걱정이 낫지 상상으로 하는 걱정은 한계가 없기 때문에 그 상상을 하는 동안은 지옥을 경험하게 된다.

지금 당신이 만나는 남자는 어떤 스타일인가?

문제가 생기면 잠수를 타는 남자들은 여자를 속상하게 하는 건 물론이고 혼자 온갖 걱정을 하다가 마침내 화가 나게까지 한다. 그러나 문제가 생기면 바로 여자에게 말하고 여자의 도움을 거절하지 않는 남자도 문제는 있다. 이들은 이런저런 상상을 하게 만들지는 않는다. 하지만 여자를 힘든 자신의 현실로 끌어들인다.

서로 결혼을 한 부부 사이라면 네 문제 내 문제 나눌 것이 없다. 그러나 연인 사이라면 얘기는 달라진다. 솔직히 지금 이 남자와 언제까지 함께할지는 아무도 장담할 수가 없다. 아무리 그 남자의 입에서 결혼이라든가 혹은 우리가 함께하는 먼 미래에 대한 달콤한 이야기들이 쏟아진다 하더라도 그건 아직 일어나지 않은 미래에 대한 립 서비스에 지나지 않는다. 자기 자신의 미래조차 알 수 없는데 타인과 함께 하는 미래를 그 누가 장담할 수 있겠는가. 해서 우리는 좀 더 냉정을 찾을 필요가 있다.

첫 번째 남자는 우리를 걱정하게는 하지만 그래도 자신의 문제는 자신이 해결함으로써 실질적으로 어떤 피해도 끼치지 않는다. 다만 많이 서운하고 속상한 건 사실이지만 적어도 그가 여자에게 자신의 문제를 떠밀지는 않는 남자임은 확실하다. 하지만 문제를 모두 말하고 여자 앞에서 끊임없이 그 문제 때문에 고민을 하는 남자는 다시 생각해 봐야 한다. 나를 이만큼 믿고 자신의 문제를 말해 준다고 감동 같은 걸 받을 때가 아니다. 정신을 차리고 보면 그는 자기 문제 하나도 혼자 해결 못하는 남자이고 나중에 미래를 함께한다 하더라도 모든 문제 해결은 다 내 차지가 될지도 모른다.

☆ 당신이 만약 문제가 생겼을 때 해결은 혼자 하면서 자신만의 동굴로 들어가지도 않고 나와 계속 연락을 하는 남자를 만났다면 그건 거의 로또 당첨이나 마찬가지의 행운이다.

그러나 대개의 남자는 혼자 동굴로 들어가 버리거나 아니면 여자에게 문제를 얘기해서 도와줄 것을 은근히 바라거나 둘 중 하나이다. 지금 당신이 만나는 남자는 어디에 속하는지 살펴보기 바란다. 전자라면 마음고생으로 끝날 수도 있겠지만 후자라면 단언컨대 마음뿐 아니라 몸도 같이 고생할 수 있다. 그러니 굳이 둘 중에 선택을 하라면 동굴로 들어가는 남자를 택하길 바란다. 남자의 문제가 내 문제가 되고, 그 문제만 해결해 주고 난 다음 헤어지고 나서 내가 그 남자에게 준 모든 것들을 아까워해도 때는 늦다.

연인과 금전 거래를 해도 될까?

06

DATE

난이도 ○○○○○

복습횟수 □ □ □

핵심 키워드
금전 거래,
돈

틀린 이유
□ 주변 상황
□ 상대방 문제
□ 내 문제
□ 의견 차이
□ 성격 차이
□ 오해
□ 타이밍
□ 기타 (   )

Question

제 남자친구가 급하게 돈이 필요하다면서 저에게 빌려 달라고 해요. 금방 쓰고 갚겠다고요. 설마 남자친구인데 제 돈을 떼먹겠어요? 하지만 가까운 사이일수록 돈 거래는 하지 말라는 말도 있고 해서 걱정이 되는 것도 사실이에요. 빌려줘도 괜찮을까요?

KeyPoint

✓ 남자친구가 내게 돈을 빌려 달라고 한다?
✓ 빌린 돈을 갚지 않는 내 남자친구! 어떻게 할까?

　　　　연인 사이에 절대 하지 말아야 할 것이 하나 있다. 바로 금전 거래다. 사실 금전 거래는 부모 자식 간에도 하지 말라고 한다. 좋은 마음으로 시작했다 하더라도 약속이 이행되지 않는다면 어느 한쪽은 실망하는 건 물론 직접적인 피해를 입는 것이 금전 거래다.

　　돈은 잃어도 사람은 잃고 싶지 않은 마음이건 혹은 반대든 간에 결국에는 돈도 사람도 함께 잃게 되는 것이 금전 거래다. 설사 상대가 돈을 갚지 않는 것을 용서한다 하더라도 사람마저 함께 용서하고 전과 같은 관계를 유지하기는 거의 불가능에 가깝다.

　　그러나 우리는 연애를 하면서 금전 거래를 하게 되는 상황에 종종 직면한다. 내가 사랑하는 사람이 지금 경제적으로 몹시 곤란한 처지에 있다면 그걸 모른 척할 수 있는 사람이 얼마나 될까? 가장 가깝기 때문에 힘들어 하는 모습도 가장 가까이 지켜볼 수밖에 없는데 힘들어 하는 부분이 얼마의 돈으로 해결이 되고 마침 내게 그런 여유가 있다면 우리는 연인에게 금전적으로 도움을 줄 수도 있다.

빌려주지 말고, 투자하라

이 도움이라는 것은 말 그대로 도움이어야 한다. 다시 받아야 할 돈이고 나에게도 없어서는 안 될 금액이라면 이건 돕는 게 아니다. 빌려 간 사람이 언제까지 갚아 주겠노라 약속을 했다면 그건 갚아야 할 의무가 있는 쪽, 받을 권리가 있는 쪽으로 나뉘는 엄연한 금전 거래이다. 이런 금전 거래를 하고 싶지 않다면 상대에게 도움을 주되 그 돈을 되돌려 받지 않아도 괜찮을 때 그렇게 해야 한다.

연인에게 돈을 줄 때는 그것을 이 사람에 대한 일종의 투자금이라 생각하자. 투자금은 원금보다 더 많은 금액이 돌아올 수도 있지만 때론 원금을 모두 잃을 수도 있다.

우리가 연애를 할 때 연인의 경제력을 보는 이유는 그 사람 덕에 나도 윤택해지고 싶어서가 아니다. 최소한 그 사람의 낮은 경제력 때문에 내가 큰 피해를 입는 일만큼은 막고 싶어서일 것이다. 그러나 많은 사람들이 연인에게 돈을 빌려줬다가 돈은 물론이고 연인과의 관계도 끝나는 경험을 한다.

그럼 이걸 막을 수 있는 방법은 아예 없는 것일까?

두 사람의 경제력이 서로 엇비슷하지 않다 하더라도 경제력 때문에 상하관계가 생기는 것은 막아야 한다.

경제력이라는 것은 관계에 있어 누가 우위를 점령하고 그렇지 않을지 명확한 잣대의 역할을 한다. 돈을 제공하는 쪽에서는 평등할 이유가 없다. 내가 많은 돈을 쓰는 만큼 이 관계에 있어 권력은 내가 더 많이 가지려고 하는 것이 당연한 심리이다.

그 여자의 사정

꼭 돈을 빌려주거나 하지 않더라도 연인에게 경제적 도움을 받는 일은 흔히 일어난다. 다른 예를 들어보자.

사귄 지 6개월이 된 연인 A와 B. 좀 더 많은 시간을 함께 보내기 위해 혼자 살고 있던 A의 집에 B가 들어가 살게 되었다. 처음에는 세상 그 누구보다 행복한 커플이었다. 더 이상 아쉬워하며 헤어지지 않아도 또 밤새 전화통화를 하지 않아도 서로가 서로에게 가장 가까운 곳에 존재한다는 것은 상당히 매력적이었다. 집에서는 손가락 하나 까딱 안 하던 여자 B도 남자친구를 위해 아침 식사를 차리는 일이 즐거웠고, 집에 돌아오면 늘 혼자라는 생각에 외로웠던 남자 A도 이제는 여자친구가 기다리고 있다는 생각에 술 약속을 뿌리치고 부리나케 집으로 들어갔다. 둘 사이에 있어 집이란 서로를 사랑하기에 가장 완벽한 공간인 것 같았다.

얼마 지나지 않아 이들 사이에 조금씩 균열이 일기 시작했다. 행복한 나머지 모든 것이 핑크빛이었던 시기가 지나자 B는 자기가 하고 싶을 때뿐 아니라 어느덧 의무적으로 아침 식사를 차리고 있음을 깨달았다.

오늘은 나가서 데이트 하자고 해도 남자친구는 밖에 나가 봐야 사람 많고 차만 밀린다며 집에서 맛있는 거 먹으며 쉬자고 했다. B는 남자친구가 쉰다는 의미는 자신은 아무것도 하지 않고 소파에 누워 TV 채널이나 돌리겠다는 얘기이며 맛있는 음식을 만드는 것은 결국 자신의 몫이라는 것을 알았다.

함께 살게 된 연애는 점점 결혼생활의 전초전처럼 흘러갔다. 처음 남자가 자신의 식구들에게 소개하고 싶다고 했을 때 B는 기뻤다. 남자친구가 자신에게 좀 더 깊은 마음을 가지게 되었고 부모님께 말씀 드릴 만큼 관계가 단단해졌다는 의미니까. 하지만 시간이 지날수록 B는 그게 전부가 아님을 알게 되었다.

남자친구의 식구들은 어느새 B를 며느리처럼 대하고 있었다. B는 이쯤에서 관계를 정리하고 싶었다. 남자친구가 싫어진 것은 아니지만 적어도 남자친구와 식만 안 올렸지 부부처럼 사는 건 아니라는 생각이 들었다.

하지만 B는 마음처럼 남자친구를 정리할 수 없었다. B에게는 독립을 할 수 있는 경제적인 능력이 준비되어 있지 않았기 때문이었다. 처음 독립을 이미 존재하는 공간에 들어가는 것으로 시작했던 그녀에겐 자신만의 공간을 마련할 경제적 여력이 없었다. 그때부터 B는 우울해지기 시작했다. 그녀가 남자친구와 함께 지내는 것은 이제 사랑이 아니라 경제력의 문제였기 때문이다.

경제적 독립이 없이 자유는 없다

연인 사이에 경제적인 균형을 이루지 못한다면 경제력을 제공하는 쪽과 받는 쪽이 생기게 된다. 실제 경제력이 차이가 난다 하더라도 연인 사이에서 일방적으로 돈을 쓰는 쪽과 공짜로 재화를 누리는 쪽으로 나뉘어서는 안 된다.

세상에는 돈으로 환산되지 않는 많은 것들이 있다. 하지만 또 한편으로는 돈으로만 해결할 수 있는 문제도 많다.

연애에 있어 금전관계가 형성이 되면 이 두 가지의 경계가 모호해지고 나중에는 사랑마저도 돈이 움직이는 것들 중 하나가 될 수도 있다.

☆ 사랑하는 것과 경제적 도움을 주는 것은 별개의 문제다. 마찬가지로 사랑한다는 이유로 상대의 경제력에 기대서도 안 되는 일이다.

경제적 독립이 없다면 정신적 독립과 자유도 없음을 잊지 말자. 사랑도 잃어버리고 뒤얽힌 돈 문제만 남기고 싶지 않다면 연인과는 절대 금전 거래를 해서는 안 된다.

매번 섹스로
끝나는 데이트

07

DATE

난이도 ○○○○○

복습횟수 ☐ ☐ ☐

핵심 키워드
섹스,
주도권

틀린 이유
☐ 주변 상황
☐ 상대방 문제
☐ 내 문제
☐ 의견 차이
☐ 성격 차이
☐ 오해
☐ 타이밍
☐ 기타 (   )

Question

　　　언제부턴가 남자친구가 저를 만나는 이유가 섹스 때문이 아닌가 하는 의심이 듭니다. 만나면 늘 습관처럼 그런 관계를 요구하고 제가 거절하면 몹시 화를 내요. 이런 남자친구를 보고 있으니 착잡한 마음이 듭니다. 그가 절 만나는 진짜 이유가 뭘까요?

KeyPoint
✓ 데이트할 때마다 섹스를 요구하는 남자친구!
✓ 나를 진정으로 사랑하는 걸까?

　　다들 알다시피 첫 섹스에 있어 주도권은 주로 여자가 가지고 있다. 남자가 아무리 원한다 하더라도 마지막에 Yes인지 No인지를 선택할 수 있는 것은 여자다. 그러나 이 첫 섹스 이후 여자가 주도권을 계속 가지기는 힘들다. 남자가 원한다면 여자는 별로 내키지 않는다 하더라도 '그래 사랑하는 사람이 원하니까' 하며 요구를 들어주게 될 수도 있다는 것.

　　그런데 문제는 이 남자가 첫 섹스를 하기 전에는 나에게 온갖 정성을 다 쏟다가 어느 정도 섹스를 하고 난 이후에는 더 이상 나에게 공을 들이지 않는다는 느낌이 든다는 것이다.

나는 그의 연인인가 아니면 섹스 파트너인가?

　　한참 온라인으로 연애 상담일을 할 때의 일이다. 한 여성 상담자가 매우 조심스럽게 상담을 요청해 왔다.

　　그녀의 말에 의하면 남자친구가 자신을 만날 때마다 항상 호텔이나 모텔에 가서 섹스를 하자고 요구하는데 정말 자신을 사랑해서 그러는 건지 아니면 단지 욕구를 충족시키기 위해서 그러는 건지 모르겠다는 것이다. 행여 자신이 오늘은 그러고 싶지 않다고 말을 하면 남자친구가 몹시 자존심을 상해 하기 때문에 거절하는 것도 쉽지 않다고 했다.

세상의 어떤 여자도 사랑 없는 섹스, 즉 내가 상대의 욕구만 해소해 주는 존재가 되어도 괜찮다고 생각하는 여자는 없다. 합의하에 서로가 섹스 파트너가 된 것이라면 또 모를까 그렇지 않은 이상 여자는 섹스=사랑이라고 생각한다. 그래서 여자는 섹스를 하는 동안보다 오히려 섹스를 하고 난 다음 남자의 행동에 더 큰 의미를 둔다.

남자와 여자가 만나면 제일 처음에는 입으로 하는 대화를 통해서 서로를 알게 된다. 그리고 이 대화를 통해 사이가 어느 정도 무르익게 되면 몸으로 하는 대화, 즉 섹스를 하게 된다. 물론 반대의 경우도 얼마든지 있지만 이 경우가 가장 평범하고 보편적인 경로일 것이다. 그런데 여자는 몸으로 대화를 하게 되면 만족감을 느끼기보다는 불안감을 더 많이 느끼게 된다. 속된 말로 자기가 잡은 물고기가 된 건 아닌지, 혹시 이 남자가 여태까지 나에게 잘해 주었던 목적이 결국 섹스를 하기 위해서는 아니었는지 별별 생각이 다 든다.

그러나 더 큰 고민은 다음부터이다. 한 번 섹스를 허락해 준 남자는 당연히 다음번에도 섹스를 하고 싶어 한다. 남자는 그 여자와 섹스를 하고 싶지 않아질 때까지, 즉 그녀와의 섹스가 재미없다고 느껴지기 전까지는 계속 섹스를 원한다. 여기서 여자들은 한 가지 궁금증이 생긴다. 이 남자가 나를 사랑해서 섹스를 하고 싶은 건지 아니면 섹스를 하기 위해서 나를 만나는지.

그렇다면 이 남자가 나를 섹스를 목적으로 만나는지 아니면 나를 사랑해서 섹스도 하고 싶어 하는지는 어떻게 구분할 수 있을까?

만약 남자가 만나기만 하면 차를 마시거나 밥을 먹거나 영화를 보는 등의 데이트는 별로 하지 않으려고 하고 오직 섹스만 하고 싶어 한다면 그건 당신이 그에게 있어 섹스 파트너로 변질되었을 확률이 높다. 섹스를 하기 전에는 온갖 달콤한 말을 늘어놓았던 남자가 섹스 후에 여자가 대화를 하기를 원하는데도 섹스를 하기 전의 그 남자와 동일인이 맞는가 싶을 정도로 쌀쌀맞게 대하거나 피곤하다는 이유로 귀찮아 한다면 그것 역시 당신을 만나는 목적이 섹스일 가능성이 농후하다.

언제나 둘만 만나려고 하고 아무에게도 소개를 시켜 주지 않으며 만남의 장소 자체를 숙박업소로 잡는다면 그건 거의 100퍼센트 확실하다. 아무리 개방적인 남자라 하더라도 친구나 지인들에게 좋아하는 여자가 아닌 단지 섹스 파트너를 소개하는 남자는 거의 없다. 그리고 모든 과정을 생략한 채 들어가면 다음 과정이 뻔한 숙박업소를 약속 장소로 잡거나 혹은 만나자마자 그런 장소로 가고 싶어 한다는 것은 무엇을 의미하겠는가.

물론 여자는 사랑하기 때문에, 사랑하는 사람이 원하는 것을 해 준다고 생각하겠지만 아니다. 그건 스스로가 성적 노리개가 되는 것이다. 나 역시 섹스만 원해서 그와 섹스를 한다면 그건 상관

없다. 그러나 내 마음은 절절한데, 나는 그와 섹스 이외에도 하고
픈 게 너무 많은데 그가 원하는 것이 섹스이기 때문에 '사랑하는
사람이 원하는 것을 해 주는 것도 사랑이야' 하는 마음으로 섹스
를 한다면 그건 자신을 그저 그의 섹스 파트너로만 머물게 하는
일일 뿐이다.

그는 당신을 사랑하지 않는다

당신이 단지 그의 섹스 파트너일 뿐이라면 아마도 시간이 지남
에 따라 섹스를 하는 횟수가 현저하게 줄거나 혹은 만남 자체가
없어질 것이다. 단지 욕구를 충족하기 위해 당신을 만나는 남자라
면, 새로운 자극을 필요로 하는 마당에 계속 똑같은 여자와 똑같
은 섹스를 할 이유가 없다. 그러나 반대로 사랑이라면 시간이 지
나 섹스의 횟수가 조금 줄기는 하겠지만 그래도 꾸준하게 당신과
함께 사랑을 나누고, 사랑을 나누는 것 이외에도 많은 것을 함께
할 것이다.

그를 정말로 사랑한다면, 그럼에도 상대는 나를 섹스 파트너로
만 생각한다면 차라리 그 관계는 정리를 하는 게 맞다. 관계를 지
속해 봐야 당신에게 남는 것은 자괴감뿐 그가 당신을 사랑하는
일은 일어나지 않는다.

자신이 섹스 파트너가 아닐까 의심이 들어도 계속 관계를 유지하는 케이스 중에서 제일 나쁜 것은 그 역시 나를 사랑하기 때문에 나를 원하는 거라고 믿는 것이다. 잘 알겠지만 남자는 사랑하지 않는 여자도 얼마든지 안을 수 있다. 그건 꼭 남자가 나빠서라기보다는 그냥 본능이다. 그러니 그가 나를 안는 것을 사랑으로 착각하지 말자. 다시 말하지만 ☆섹스는 나와 그가 동시에 행복해야 하며, 말로 하는 대화만큼이나 중요한, 몸으로 나누는 대화이다. 한쪽만 일방적으로 떠들고 나머지 한쪽은 억지로라도 들어줘야 한다면 그건 이미 대화가 아니다.

그가 나를 섹스파트너로 생각한다는 걸 알면 무조건 헤어지라는 말은 아니다. 단 당신도 그를 섹스 파트너 정도로만 의미를 둘 수 있다면 만남을 지속해도 괜찮다. 하지만 그렇지 않을 경우 관계를 정리하지 않고 계속 끌고 나갔다가는 당신에게 남는 것은 상처뿐인 후회일 것이다.

판도라의 상자를
열어 버리다

08

DATE ▮▮▮▮▮▮▮▮▮

난이도 ○○○○○

복습횟수 □ □ □

핵심 키워드
과거,
전 여자친구

틀린 이유
□ 주변 상황
□ 상대방 문제
□ 내 문제
□ 의견 차이
□ 성격 차이
□ 오해
□ 타이밍
□ 기타 (   )

Question

　　　　남자친구의 집에 놀러 갔다가 그의 과거 사진을 보게 되었어요. 정확하게는 전 여자친구와 찍은 사진인데 그걸 보는 순간 기분이 되게 묘하더라고요. 존재를 몰랐던 것은 아니지만 사진으로나마 얼굴을 보고 나니 그때부터 정말 신경이 쓰여요. 거기다 그녀는 남자친구의 이야기와 달리 굉장한 미인이었어요. 차라리 보지 않았으면 얼마나 좋았을까요.

KeyPoint
　✓ 최근 내 남자친구의 과거를 알게 되어서 심란하다.
　✓ 그의 과거를 알게 되면 어떻게 행동할까?

연애를 하다 보면 뜻하지 않게 연인의 과거와 정면으로 마주하게 되는 경우가 있다. 상대에게 날 만나기 이전에 연인이 있었다는 것을 안다는 것과 옛 연인과의 추억을 눈으로 확인하는 것은 전혀 다른 이야기이다. 비록 그 과거가 추억으로만 존재한다 하더라도 일단 그것은 열어서는 안 될 판도라의 상자다.

아마 연애를 하면서 상대가 아무리 "다 이해할 수 있다. 이미 지난 과거라 신경 쓰지 않겠다"고 한다 하더라도 되도록 지난 사랑을 숨기라는 이야기를 한 번쯤은 다들 들어봤을 것이다. 상대가 말로는 과거를 문제 삼지는 않는다고 하지만 전혀 그렇지 않다는 것을 우린 이미 충분히 경험을 통해 알고 있다.

나의 과거야 숨기는 것이 얼마든지 가능하다. 그러나 내 연인의 과거는 그렇지 않다. 상대의 비밀 상자이자 내게는 판도라의 상자인 연인의 과거. 일단 열어 버리면 그걸로 끝이다. 그 안에는 제일 마지막으로 등장하는 희망이라는 단어 같은 것은 없다.

나와 그, 그리고 과거의 그녀

여기에 한 쌍의 연인이 있다. 두 사람 중 한 명은 혼자 산다고 가정해 보자. 그런데 혼자 사는 연인의 집에서 옛 연인의 흔적을 발견하게 된다면 어떻게 될까? 전 연인의 사진이라든지 그 사람이 쓰던 물건이 내 남자의 집에 있다면 그것은 막연한 것에서 손에 잡히는 무언가가 된다. 그 사람의 마음속에 있는 추억이 아니라 물건으로 존재하는 추억이라면 이때부터 그 질투의 대상은 구체적이고 분명해진다. 그게 어떤 물건이든 간에 내 남자친구가 아직까지도 그녀를 잊지 못하고 있거나 마음속으로 고이 간직하고 있는 건 아닌지에 대한 의심을 풀 길이 없다.

물론 한 개인의 추억은 순전히 그 개인의 몫이다. 그러나 연인 사이에서는, 특히 전 연애와 관계되었다면 이 추억을 단순히 상대의 고유 영역이라고만은 할 수 없다. 나와 만나고 있으면서도 전 여자친구의 물건을 가지고 있는 남자. 과연 과거는 과거일 뿐이라고 할 수 있을까? 더구나 SNS의 발달로 전 여자친구와 아직까지 서로 안부를 주고받고 있다면? 이건 현재진행형이지 결코 과거가 아니다.

현재 이 남자의 옆자리는 그녀가 아닌 내 것이 분명하지만 내가 이 남자의 마음까지 다 가지고 있다는 보장은 없다. 그리고 좀 극단적으로 생각하자면 전 연인을 아직 다 잊지 못했지만 나를 만나고 있다거나 전 여자친구를 잊기 위한 수단으로 나를 이용하고 있는 것은 아닌가 하는 의심도 얼마든지 가능하다.

이 판도라의 상자를 굳이 일부러 열어서 괴로워할 사람은 아마 없을 것이다. 그러나 어쩌다 보니 열게 되었다면, 예전 그녀에 관한 것들이나 아직까지도 연락을 주고받고 있다는 것을 발견한다면 모든 것이 다 혼란스러워진다. 나와 했던 모든 것들이 전 연인을 향한 오마주는 아닌지 나에게 하는 이 행동은 전 연인으로부터 학습된 것은 아닌지. '나'와 '그'만 있어야 할 이 연애에 과거의 그녀는 작은 흔적만으로도 쉽게 편입이 가능하다.

판도라의 상자 속에 희망은 없다

그렇다면 어떻게 하면 이 판도라의 상자를 열지 않을 수 있을까? 그건 상대의 프라이버시를 지켜 주고 내 호기심을 단속한다고 해서 해결될 문제는 아니다.

대개 내 남자의 추억은 그의 가장 사적인 곳에 존재할 가능성이 크다. 그의 집이라든지 핸드폰은 그녀의 흔적이 있기에 최적의 장소다. 그렇다면 그 장소나 존재를 살펴보기 전에 미리 귀띔을 해 주는 것이 차라리 더 낫다. 어차피 존재한다면 내가 보지 못하는 곳에 존재하는 것이 훨씬 속 편한 일이기 때문이다. 남자친구의 집을 불시에 방문하기보다는 내가 방문할 것임을 미리 알려서 내 남자가 그 흔적을 지우거나 적어도 자기만 알 수 있는 곳으로 감출 수 있는 물리적 여유를 주어야 한다. 일부러 치우는 것이 더 기분 나쁠 수도 있겠지만 실질적으로는 내가 그 추억을 들여다볼 수 있는 가능성 자체를 차단하는 것이 가장 현명한 길이다.

☆일단 한 번 열리면 헬 게이트가 열리는 것과 다름없는 판도라의 상자는 보고도 못 본 척할 수 있는 존재가 아니다. 아예 처음부터 열지 말아야 할 무언가다.

추억과 물건의 중요도가 꼭 비례하는 것은 아니기 때문에 내가 발견한 옛 연인의 흔적이 꼭 그만큼의 의미를 갖고 있으리라는 보장은 없다. 하지만 사소하건 사소하지 않건 받아들이는 입장에서는 똑같이 보지 말아야 할 것임은 분명하다.

반대로 나 역시도 내 추억과 기억에 대한 부분을 정돈할 필요가 있다. 헤어졌다고 해서 상대의 흔적을 반드시 다 지울 필요는 없지만 적어도 그걸 지금의 연인이 볼 수 있도록 아무렇게나 둘 정도로 무신경해서는 곤란하다. 추억은 내게 있어서나 추억이지 상대에게는 이미 지난 과거사로 단순하게 치부해 버릴 수 있는 문제가 아닐 수도 있다. 그 물건이 사소하든 아니든 간에 상대가 보는 순간 그 의미는 달라지기도 한다. 그러니 아무리 대수롭지 않은 물건이라 하더라도 전 연인이 쓰던 것을 현재의 연인도 함께 사용하도록 한다든지 아니면 손쉽게 볼 수 있는 곳에 전 연인의 추억들을 놔두지는 말아야 한다.

만의 하나 이미 이 판도라의 상자를 열어 버렸다면 마음속으로만 끙끙 앓기보다는 상대에게 이미 봤다고 말하고 차라리 그 물건을 치워 달라고 요구하는 것이 가장 좋다. 일단 눈에 안 보이는 것과 바로 눈앞에서 계속 보이는 것과는 천지 차이이다. 상자를 열기 전에 되도록 보지 않으려고 노력하는 것이 제일 좋겠지만 그게 마음대로 잘 안 된다면 그런 부분에 있어 민감할 수 있음을 상대에게 설명하고 도움을 요청해야 한다.

다시 말하지만 내 연인의 판도라 상자 속에 희망은 없다. 일단 열어 버리는 순간 알 필요도 알아서도 안 될 모든 것들만 튀어나올 뿐이다.

자존심이 강한
내 남자친구

09

DATE

난이도 ○○○○○

복습횟수 ☐ ☐ ☐

핵심 키워드
자존심,
자존감,
허세

틀린 이유
☐ 주변 상황
☐ 상대방 문제
☐ 내 문제
☐ 의견 차이
☐ 성격 차이
☐ 오해
☐ 타이밍
☐ 기타 (   )

Question

　　　　　제 남자친구는 자존심이 무척 센 편입니다. 제가 조금이라도 자존심을 상하게 하면 엄청나게 화를 냅니다. 이런 자존심이 강한 남자. 계속 만나도 괜찮은 걸까요? 가끔 그 사람의 자존심을 세워 주기 위해 내가 존재하는 건 아닌지 의문이 들 정도입니다.

KeyPoint
✓ 자존심이 강한 남자친구, 계속 만나야 할까?
✓ 내 남자친구, 자존심이 센 건지 허세인지 모르겠다.

사람들은 자존심에 대해 많은 이야기를 한다. 연애에 있어서도 자존심은 꽤 큰 비중을 차지한다. 상대가 나의 자존심을 건드리는 것은 아무리 사랑하는 사이라 하더라도 참기 힘든 일이다. 상처 받은 나의 자존심을 세우기 위해 상대의 자존심을 건드리는 일도 자주 일어난다. 연애에 있어 자존심이란 관계의 서열이나 주도권과 밀접한 관련이 있다.

자존심이 강한 사람들은 겉으로 금방 드러난다. 이들은 남에게 지는 것을 싫어하고 자신의 주장을 끝까지 관철시키려고 한다. 해서 자존심이 강한 사람들은 고집이 세다는 평가를 받는다.

연애에 있어 자존심은 표면적으로 보이는 많은 것들에 대해 내가 어떤 위치를 차지할 것인가를 결정하는 중요한 포인트가 된다. 해서 자존심이 더 강한 쪽이 자존심이 약한 쪽보다는 연애의 주도권이랄지 관계의 서열에 있어 우위를 차지할 가능성이 높다.

하지만 보이는 게 전부는 아니다. 겉으로는 누군가의 입김이 더 세고 다른 한쪽은 비교적 그 사람을 맞춰 주기 때문에 관계의 서열이 분명해 보이지만 속사정도 똑같은 것은 아니다. 자존심이 강한 사람을 위해 자존감이 강한 사람이 배려의 차원에서 맞춰 주는 것일 수도 있다.

자존심만 강한 남자는 여자에게 군림하려 한다

자존심이 강한 사람은 둘 사이의 의견 충돌이나 언쟁이 있을 때 무조건 이겨야 한다. 상대에게 이기지 않으면 내 자존심에 상처를 받기 때문에 수단과 방법을 가리지 않고 이기려고 한다.

그러나 자존심을 내세우는 사람일수록 자존감이 낮은 경우가 많다. 스스로에게 자신감이 없기 때문에 겉으로 보이는 나, 타인이 평가하는 나에 대해 민감할 수밖에 없다. 남에게마저 인정을 받지 못하면 자신은 쓸모없는 하찮은 사람 혹은 패배자라는 생각이 들기 때문이다.

자존심이 강한 사람과 연애를 하면 부딪칠 일이 자주 생긴다. 어떻게 해서든 자신의 의견대로만 하려고 하기 때문에 상대에게 무조건적인 복종이나 순종을 요구한다.

자존심은 특히나 상대가 거절의 뜻을 비쳤을 때 가장 큰 상처를 받는다. 예를 들어 자존심이 강한 남자들은 여자친구가 스킨십이나 잠자리를 거절할 경우 크게 화를 낸다. 물론 자존심이 있기 때문에 그 일을 직접적으로 언급하며 화를 내지는 않는다. 대신 상처 받은 자존심을 어떻게든 다시 세우기 위해 다른 곳에서 트집을 잡기 시작한다. 사실은 스킨십을 거절한 것 때문에 화가 난 것이지만 자존심 때문에 똑바로 말도 못하고 엉뚱한 것에서 화를 내고 상대를 괴롭혀서 상처 받은 자존심을 보상 받으려 한다. 그러나 만약 여기서 여자친구가 스킨십 안 한 것 때문에 화가 난 것을 알고 있다 왜 엉뚱한 곳에서 화풀이를 하느냐는 식으로 나오면 남자는 인정하기는커녕 더 화를 낸다.

자존심이 강한 남자는 겉으로 보이는 모습에 집착하기 때문에 주로 남성성과 자신의 사회적 위치 등에 민감하다. 자기보다 어느 모로 보나 약자의 위치에 있는 여자와는 비교적 안정된 연애를 할 수 있지만 자기보다 조금이라도 높은 위치에 있는 여성과는 연애하는 내내 자존심 때문에 트러블을 일으킨다. 여성이 자신을 존중하고 존경하지 않으면 무조건 무시한다고 생각한다. 그들은 여자가 자기를 무시하는 이유가 자기가 여자보다 낮은 위치에 있기 때문이라고 생각한다. 그래서 전혀 상관없는 지점에서 엉뚱한 말을 하며 화를 자주 낸다. 이건 그 여자가 정말 그래서가 아니라 이미 늘 자존심이 상해 있던 남자가 빌미만 생기면 꼬투리를 잡는 것에 지나지 않는다.

남들이 보는 나에 늘 민감하기 때문에 자존심이 강한 남자는 그만큼 허세도 늘어난다. 없어도 있는 척, 몰라도 아는 척은 기본이고 내일 당장 쓸 돈이 없다 하더라도 오늘 모임에서의 술값은 자기가 계산한다. 그래야 친구들로부터 인정을 받고 그런 자신만이 가치 있다고 믿기 때문이다.

자존감은 낮으면서 자존심만 높은 남자는 온갖 실속 없는 짓은 모두 하고 다닌다고 봐도 무방하다. 스스로에 대해 만족도가 낮은

만큼 남들이 보는 내가 더 중요해지는데 그런 남자라면 실제의
자신보다 남들이 더 높이 평가해 주기를 끊임없이 갈망한다. 만약
이런 남자가 친구들 모임에 여자친구를 데리고 간다면 여자에게
온갖 자잘한 심부름을 시키거나 명령조의 말투 등 어떤 방법을
통해서라도 둘의 관계에 있어 자기가 절대적 강자라는 것을 친구
들에게 보이고 싶어 할 것이다. 그가 친구들에게 보여주고 싶은
것은 내 여자친구가 아니라 나에게 이렇게 꼼짝 못하는 여자친구,
여자가 이렇게 할 만큼 나는 대단한 남자라는 것이다.

당신의 남자는 자존감이 강한 남자인가, 아니면 자존심만 강한 남자인가?

자존심이 강한 남자를 만나면서 여자들이 가장 착각하는 부분
은 그 남자가 자기의 자존심을 꺾고 여자에게 매달릴 때이다. 자
존심이 강한 남자가 나를 위해 이렇게 매달리는 것을 보니 진심
이구나 하고 여자는 감동까지 받는다.

하지만 잘 생각해 보길 바란다. 자존감이 아닌 자존심이기에
꺾고 세우고가 가능한 것일 뿐이다. 만약 자존감이 강한 남자라면
그걸 특별히 높이려고도 하지 않을 뿐더러 꺾는다는 것 자체가
거의 불가능하다. 자존감은 타인에 의해 좌지우지 되는 부분이 아

니기 때문이다.

☆자존심이 강한 남자가 매달릴 때는 다 그만한 이유가 있어서다. 상대를 너무 사랑해서라기보다는 상대와 헤어진 나를 받아들일 수 없는 것일 뿐이다. 이 남자에게 중요한 것은 사랑이 아니라 자존심 그 자체이다. 여자친구와 헤어져서 사랑의 실패자가 되느니 차라리 지금 당장은 자존심을 접고 여자에게 매달려서라도 관계를 유지하는 편이 자기 자존심을 훨씬 더 세울 수 있기 때문이다.

지금 당신이 만나는 남자가 자존감이 높은 남자인지 아니면 자존심이 강한 남자인지 한 번 잘 생각해 보길 바란다. 자존감이 높은 남자는 당신의 위에서 군림하려고 들지 않으며 자신이 한 번 내린 결정에 대해서는 스스로가 확신이 있기에 쉽게 흔들리지 않는다.

그러나 자존심이 강한 남자는 언제나 당신을 보호해 주는 척하면서 실은 지배하고 싶어 하고 헤어지자고 하면 자존심을 꺾으며 매달릴 것이다. 전자는 당신 자체를 사랑하는 것이고 후자는 당신이라는 존재가 필요한 것이다. 어떤 남자를 만날 것인가는 전적으로 당신의 통찰력과 결정에 달려 있다.

나보다 취미가
먼저인 사람

10

DATE ▨▨▨▨▨▨▨
난이도 ○○○○○
복습횟수 □ □ □

핵심 키워드
취미,
게임,
관심사

틀린 이유
□ 주변 상황
□ 상대방 문제
□ 내 문제
□ 의견 차이
□ 성격 차이
□ 오해
□ 타이밍
□ 기타 (   )

Question

제 남자친구의 취미는 컴퓨터 게임입니다. 처음에는 그냥 그러려니 했는데 시간이 지날수록 이게 싸움의 원인이 되더라고요. 저는 밖에 나가서 데이트도 하고 대화도 하고 싶은데 남자친구는 남는 시간의 거의 대부분을 게임하는 것에 쏟아 붓곤 합니다. 때론 제가 제 남자친구의 취미만도 못한 사람인가 하는 자괴감마저 느껴져요.

KeyPoint

✓ 나보다 취미를 더 좋아하는 남자친구, 어떻게 할까?
✓ 남자친구의 취미, 어떻게 이해할 수 있을까?

생각보다 많은 사람들이 연애를 하면서 상대의 취미생활(그게 뭐가 되었건 간에)에 점점 내 자리가 밀리고 있다는 느낌을 받는다. 연애 초기에는 나에게만 몰두하고 나와의 시간에만 집중했던 사람이 점점 자기 페이스를 찾아가면서 이전에 자기가 했던 취미들을 다시 하기 시작한다.

그런데 문제는 여기에 쏟는 시간과 열정에 비례해서 우리의 불만도 점점 커져 간다는 것이다. 처음에는 내 남자친구의 취미생활과 나를 연관시켜 생각한다는 것 자체가 자존심이 상하기도 하고 고작 그깟 취미생활과 우리의 연애를 비교한다는 것이 말이 안 되는 것 같을 것이다. 그렇지만 남자친구가 그것에 너무 몰두를 한다면 문제는 달라진다. 이제는 자존심이고 뭐고 간에 남자의 취미생활에 쏟는 그 모든 시간과 열정에 질투가 나고 때로는 나라는 존재가 그의 취미생활에 밀린 것 같은 느낌마저도 든다.

여자들이 가장 많이 힘들어 하는 부분은 남자친구의 취미 중에서도 인간관계에 관한 것이다. 사람과 술 좋아하는 남자친구는 나를 만날 시간조차 없다. 일주일 내내 약속이 있고 나와 데이트를 하는 시간은 억지로 짬을 내야 가능할 지경이다. 그러면 그때부터 싸움이 시작된다. 여자는 남자에게 불만과 잔소리가 늘어나고 남자는 남자대로 연애를 한다고 해서 그런 것들을 줄이는 것은 자기답지 않은 일이라고 생각하고 여자의 간섭을 귀찮아한다.

그렇다면 내 남자친구가 나보다 취미생활에 더 몰두를 할 때 나는 어떻게 해야 할까? 제일 좋은 방법은 그 취미생활을 나도 함께 즐기는 것이다. 만약 남자친구가 사진을 찍는 취미를 가지고 있다면 내가 그의 모델이 되어 주거나 나 역시 그에게 사진에 대해 배울 수 있다면 그보다 더 좋은 방법은 없을 것이다. 남자는 자신의 취미생활을 방해 받지 않는 동시에 여자친구와 함께 즐길 수 있으니 말 그대로 금상첨화인 것.

그렇지만 모든 취미생활을 남자와 함께 공유할 수는 없다. 그의 취미생활이 나 역시 관심을 가졌던 분야라면 모르겠지만 운동이라고는 전혀 하고 싶지 않은 내가 헬스장에서 살다시피 하는 남자친구, 혹은 날마다 컴퓨터 게임을 하느라 나를 만나도 늘 게임만 하는 남자를 위해 같이 헬스장을 다니거나 만나서 게임만 할 수는 없는 문제다. 그렇다고 남자친구의 취미생활에 대해 간섭을 하고 "나야? 취미생활이야? 선택해" 이렇게 속 좁게 굴 수도 없는 문제다. 그렇게 되면 남자친구는 당신을 만나는 것에 대해 상당한 부담을 가지게 될 것이고 결국은 자기의 취미생활조차 제대로 할 수 없게 만드는 여자를 숨 막힌다 생각할 것이다.

여기에 대해서는 사실 별달리 뾰족한 묘책이 존재하는 것은 아니다. 앞서 말했듯 함께 취미생활을 즐길 수 있다면 그것보다 더 좋은 방법은 없겠지만 그의 취미생활이 나와 전혀 맞지 않는 분야라면 그것 역시 쉽지 않다. 그래서 차선책으로 제안하는 방법이 바로 두 사람의 새로운 취미를 만드는 것이다. 남자친구는 남자친구대로 원래의 취미생활을 계속 하기는 하되 시간을 좀 줄일 수 있을 것이고 나와 만나서 데이트만 하는 것이 아니라 두 사람이 뭔가 새로운 것에 몰두할 수 있다면 남자친구도 당신도 훨씬 불만이 줄어들 것이다.

그러기 위해서는 우선 두 사람의 공통된 관심사를 찾아야 한다. 사실 연애가 시작되었고 어느 정도 안정기에 접어들었다면 두 사람이 아주 다른 성향을 갖고 있을 확률은 낮은 편이다. 그러므로 두 사람 사이에 공통점을 찾기란 그리 어렵지 않은 일일 것이다. 거기다 새로운 취미를 찾게 된다면 한 사람은 이미 프로의 경지인데 한 사람은 이제 막 입문을 해서 밸런스가 맞지 않는 경우도 피해 나갈 수 있다.

남자친구와 새로운 취미생활을 만든다는 것은 물론 말처럼 쉬운 일은 아닐 것이다. 하지만 두 사람의 공통 근심사와 둘이서 뭔가 새롭게 할 수 있는 것을 발견하게 된다면 그것 또한 남자친구가 원래 해 왔던 취미생활 못지않게 즐거운 일이 될 것이다.

두 사람이 새로운 공통된 취미를 갖게 된다면 이제 더는 내가 그의 취미생활에 밀린다는 생각이 들지도, 또 그 취미생활을 하느라 그가 당신을 소홀히 하는 일도 현저하게 줄어들 것이다.

　이미 남자친구가 하고 있었던 취미생활을 같이 할 수 없다면 둘이 같이 처음부터 시작할 수 있는 새로운 취미생활을 찾아보자. 그럼 당신과의 데이트는 더 이상 데이트만을 위한 데이트도 그렇다고 취미생활에만 몰두하는 일도 아닌 그 두 가지를 적절하게 병행하는 무언가가 될 것이다.

남자친구의
뒷바라지는 내 몫

11

DATE ▨▨▨▨▨▨▨▨▨

난이도 ○○○○○

복습횟수 □ □ □

핵심 키워드
**평강공주
콤플렉스,
간섭**

틀린 이유
□ 주변 상황
□ 상대방 문제
□ 내 문제
□ 의견 차이
□ 성격 차이
□ 오해
□ 타이밍
□ 기타 (   )

Question

지금 제 남자친구는 취업준비생입니다. 저는 제가 직장인인 만큼 남자친구도 얼른 취직을 하길 바라는 마음에서 이것저것 서포터를 하고 있습니다. 그런데 언제부턴가 이런 내가 그의 여자친구인지 아니면 엄마인지 헷갈리기 시작합니다. 남자친구의 뒷바라지. 어디까지가 적당할까요?

KeyPoint
✓ 지나치게 남자친구의 일에 간섭한다.
✓ 남자친구에게 요구하는 것이 많아진다.

모 패션지에서 Q&A 형식의 칼럼을 쓸 때의 일이다. 한 여자 분이 사연을 보내 왔는데 내용은 이러했다.

남자친구와 사귄 지는 3년 정도 되었고, 그동안 그녀는 남자친구에게 정말 최선을 다했다. 비단 마음으로만 최선을 다한 것이 아니라 아직 학생인 남자친구에 비해 직장인인 자신이 조금 더 경제적 여유가 있기 때문에 그야말로 물심양면으로 도움을 주었다. 데이트 비용을 부담하는 것은 물론이고 가끔은 상대가 자존심 상하지 않게 배려해 가며 용돈도 주었다.

그런데 남자가 최근 헤어지고 싶다는 의사를 비쳤다고 한다. 그녀는 이해하고 납득하는 걸 떠나 도저히 용서가 되질 않는다고 했다. 내가 너한테 어떻게 했는데 나에게 이럴 수가 있냐는 생각에 분해서 밤에 잠이 오지 않을 지경이라고 호소하면서 그녀는 어떻게 하면 그를 다시 잡을 수 있는지를 물었다.

사연을 보면서 그런 생각을 했었다. 지금 그녀가 억울하고 분한 이유는 그에게 마음을 주어서라기보다는 경제적인 도움과 지금까지 했던 여러 뒷바라지들 때문은 아닐까 하고 말이다.

126

헌신적인 여자를 떠나는 남자의 속마음

그녀가 그렇게까지 한 이유는 남자를 사랑해서였을 것이다. 사랑하지 않은 남자에게 3년 동안이나 데이트 비용과 용돈까지 주면서 만날 여자는 세상 어디에도 없다. 그렇다면 남자친구는 왜 이 여자에게 헤어지자는 말을 했을까?

그녀의 입장에서 보자면 무척 속상하겠지만 내가 보기에 그 남자는 나쁜 남자는 아니었다. 사실 나쁜 남자였다면 그녀와 헤어질 이유가 하나도 없다. 그가 그녀와 헤어지려고 하는 것은 은혜를 원수로 갚기 위해서가 아니라 오히려 나쁜 남자가 아니었기 때문이다. 마음만 먹으면 얼마든지 그녀에게 취할 수 있는 각종 이익들을 계속 누릴 수 있음에도 헤어지려고 하는 것은 바로 자존심이 상했기 때문이었을 것이다.

또 다른 케이스로 내 지인의 이야기가 있다.

그와 그녀는 대학생 시절부터 캠퍼스 커플이었다. 취업 준비를 열심히 했던 그녀와 달리 남자친구는 매일 친구들과 몰려다니며 술 마시고 노는 것에 더 골몰해 있었다. 보다 못한 그녀는 남자친구에게 제제를 가하기 시작했다. 그 결과는 놀라웠다.

여태 취업 준비를 착실하게 해 온 그녀보다 학과 성적은 물론이고 토익과 토플 점수도 올라갔다.

졸업과 동시에 남자는 대기업에 입사를 하게 되었다. 하지만 여자는 취업에 실패해 늘 사회 문제로 대두되곤 하는 고학력 실업자가 되어 버렸다.

그녀는 자기는 비록 그러지 못했지만 남자친구의 대기업 입사가 내 일처럼 기뻤다. 그런데 어느 날 갑자기 남자친구가 그녀에게 이별을 통보했다. 그것도 나보다 더 좋은 남자를 만나라는 말도 안 돼는 이유를 대면서 말이다.

이별 통보를 받은 그녀는 부모도 하지 못한 일을 자신이 해 주었는데, 오늘날 자기가 누구 때문에 대기업 사원이 되었는데 어떻게 이럴 수 있느냐고 분통을 터트렸다.

그러나 내 생각은 달랐다. 그는 어쩌면 그녀가 너무 버거웠을 것이다.

처음에는 학과 성적을 올리라는 것에서 시작해서 취직을 해라까지였겠지만 그가 생각하기에 그녀의 바람은 끝도 없는 것 같았을 것이다.

그게 다 자신을 위한 것임을 너무 잘 알지만 나를 닦달하고 목표를 대신 설정해 주는 여자와 만나고 싶은 남자는 아마 없을 거다. 이미 그 역할은 엄마들이 마르고 닳도록 해 온 것이다. 그런데 여자친구조차 엄마처럼 지겹게 닦달만 해댄다면 어떤 남자가 그런 여자와 미래를 함께하고 싶겠는가.

위의 두 여자들은 모두 남자를 위해, 여태까지는 어떻게 살아왔건 나를 만나고부터는 더 잘되라고 지금까지와는 다른 미래를 제시해 주었다. 그렇게 뭐라도 하나 보탬이 될 수 있는 현명하게 내조를 잘하는 여자친구가 되고 싶었을 것이다.

그러나 우리, 여기서 조금만 더 냉정하게 생각을 해 보자. 그녀들은 정말 100퍼센트 남자만을 위해 그랬던 걸까? 혹시 내가 보기에 좋은 남자친구, 어디 가서도 자랑스러운 남자친구를 만들기 위해서는 아니었을까?

내 삶의 주체는 바로 나

그녀들이 한 것을 누군가는 희생으로 생각할 것이다. 하지만 나는 그것이 일종의 투자였다고 생각한다. 우리가 익히 잘 알고 있는 평강공주 이야기를 생각해 보자. 평강공주는 자발적으로 바보 온달과 결혼했다. 평강공주가 바보 온달을 택한 이유는 과연 무엇이었을까? 이미 만들어진 남자, 즉 이웃나라 왕자가 아닌, 자신의 말이라면 뭐든 다 따르는 바보 온달을 만나서 자기가 원하는 남자를 만든 뒤, 사람들에게 자기 능력을 과시하고 싶었기 때문은 아니었을까?

사람은 누구나 잘 살기를, 그리고 성공하기를 원한다. 그렇다면 위의 두 여자들의 문제는 뭐였을까? 바로 거기에 타인을 끌어들였다는 데 있다.

미래는 자기 자신이 만들어 가는 것이다. 하지만 남자친구의 성공이 곧 나의 성공이고 남편의 직업이 곧 나의 지위를 나타낸다고 생각하는 여자들은 생각보다 훨씬 많다. 그녀들은 자신이 성공하는 대신 내 남자를 성공시키고 그로 인한 혜택을 누리길 원했던 것이다.

☆ 흔히 어떤 배우자를 만나느냐에 따라 여자의 미래가 결정된다고 한다. 하지만 미래가 달라질 수는 있겠지만 결정되지는 않는다.

자신의 미래를 결정할 수 있는 것은 오직 자기 자신뿐이다.

겉으로 볼 때 아무리 행복해 보인다 하더라도 스스로를 불행하다고 느낀다면 그건 행복한 삶이 아니다. 더구나 그 행복이 자신이 이루었거나 자신의 이름이 아닌 연인, 남자친구, 남편인 경우 그 행복은 결코 내 것이 될 수 없다. 내가 희생하고 도와주어서 그렇게 되었건 말건 결국 그 행복의 주인은 남자친구 혹은 남편이다.

내 모든 것을 주었는데도 나를 떠나는 남자. 물론 좋은 남자는 아니다. 하지만 그렇게 만든 것에는 당신의 책임도 있다.

당신의 희생과 노력과 봉사가 결국은 남자에게 부담으로 작용했음은 절대 간과할 수 없는 사실이다.

우리 이제 제발 우리의 미래와 행복은 온전하게 우리 것일 수 있도록 자신을 통해 이루자.

내 노력으로 남자친구나 남편이 성공한다 하더라도 우린 결국 그 그늘 아래 있거나 혹은 그림자밖에는 되지 않는다.

내 삶의 핸들은 내가 잡아야 한다.

그 자리에 다른 사람을 앉게 하는 순간, 이미 내 행복과 불행은 핸들을 잡은 사람이 마음대로 할 수 있는 것이 되어 버린다는 사실을 절대 잊지 말았으면 좋겠다.

연애에도
오답 노트가
필요하다

chapter 03

연애는 원래
사소한 것이다

DATE

난이도 ○○○○○

복습횟수 □ □ □

핵심 키워드

**사소함,
서운함**

틀린 이유

□ 주변 상황
□ 상대방 문제
□ 내 문제
□ 의견 차이
□ 성격 차이
□ 오해
□ 타이밍
□ 기타 (   )

Question

연애를 하기 전에는 별로 그러는 것 같지 않은데 연애만 하게 되면 자꾸 사소한 것들에 연연하는 나를 발견하게 됩니다. 이런 내가 너무 이상한 것 같고 그러다 보니 자꾸 저만 힘들어지는 것 같습니다. 연애, 원래 이렇게 사소한 것들이 다 문제가 되는 걸까요?

KeyPoint

✓ 아주 사소한 것에 서운함을 느낀다
✓ 작은 문제 때문에 고민하고 있는 나, 말해도 될까?

연애를 하면서 가장 당혹스러운 순간이 있다면 이런 것까지 다 문제를 삼아야 하는가 싶을 정도로 사소한 것에 집착하고 있는 '나'를 발견하게 되었을 때일 것이다. 이렇게 사소하다 못해 하찮다고 느껴지는 것에까지 모조리 다 불만을 제기하다가는 어쩌면 상대가 나에게 질려 버릴지도 모른다는 걱정은 부수적으로 따라온다.

그러나 결론부터 말하자면 연애는 원래 사소한 모든 것에서 출발하는 것이다. 연애의 초기 단계를 한번 생각해 보자. 그 사람이 나를 보는 눈빛이 예사롭지 않게 느껴졌다거나 혹은 나에게 베푼 작은 친절 하나를 특별하게 받아들였기 때문에 그 사람의 호감을 눈치 채게 되었을 것이다. 만약 이런 사소한 신호를 무시했다면 당신은 아마 연애를 하지 못했을지도 모른다.

사소한 것들을 무시해선 안 된다

당신이 연애를 하면서 느끼는 모든 감정들은 다 타당하다. 어느 것 하나도 '괜히'나 '그냥'은 없다. 설사 부정적인 감정이라 하더라도 당신이 느꼈다면 그것은 근거가 있는 것이고 그럴 만했기 때문에 그런 감정들이 느껴졌던 것이다.

세상에 어떤 사람도 연애를 하면서 대범해진다거나 호기롭게 모든 걸 웃어넘길 수 있는 사람은 없다. 그것은 연애의 속성과도 관련이 깊다.

✩ 연애는 소유를 기본으로 하고 질투를 자양분 삼아 자라나는 것이다. 즉 상대를 소유하되 독점하고 싶으며 이 독점은 바로 질투심을 기반으로 삼는다. 그리고 이 모든 감정들은 사소하고 소소한 것에서부터 출발한다.

만약 당신이 연애를 하면서 느끼는 사소한 감정들을 무시했다가는 나중에 이것들이 모여서 더 큰 문제를 일으킬 수도 있다. 그 사람의 행동에서 느껴지는 미묘한 변화들, 이전과는 뭔가 다른 것 같은 느낌들을 간과하게 된다면 어느 날 당신은 상대로부터 이제 그만 만나자든지 이쯤에서 끝내는 것이 맞을 것 같다는 이별 통보를 받게 될지도 모른다.

그러니 이제 연애에 있어 당신이 너무 사소한 것에 집착했다는 후회는 하지 않기를 바란다. 오히려 사소한 신호들을 그냥 넘어가서 문제가 되었으면 되었지 그것들을 제대로 포착했기 때문에 문제가 생기는 경우는 거의 없다.

물론 연애에 있어 사소한 모든 것들을 다 끄집어내서 상대에게 따지는 것은 별개의 문제이다. 이렇게 되면 연애는 피곤해진다. 당신이 해야 할 것은 연애에 날카로운 촉각을 세우되 확실한 사실로 확인되기 전까지는 결코 그것을 상대에게 말로 따지거나 혹은 불만으로 삼지는 말아야 한다는 것이다. 정확하게 레이더망에 문제점이 포착이 되기도 전에 이걸 말로 해 버리면 그 순간부터 그건 정말로 큰 문제로 돌변해 버릴 수도 있다.

그러나 누가 봐도 분명한 신호가 왔다면 그때는 그냥 무시해서는 안 된다. 사소하고 작은 일은 넘어갈 수도 있다고 생각하는 것이 연애에 있어 가장 위험한 생각이다.

문제는 어디까지가 사소한 것이고 어디서부터가 문제가 될 만한 것인지를 구분하는 것인데 이건 생각보다 쉽지 않다. 그래서 몇 가지 팁을 주자면 상대의 행동 변화가 아닌 마음의 변화에서 나오는 문제들에 더 집중을 해야 한다. 행동이야 그때의 기분이라든지 여러 가지 상황에 의해서 얼마든지 조금씩 달라질 수 있다. 하지만 그 행동의 기반이 그 사람의 마음의 변화에 의한 것이라면 이건 다른 문제가 된다.

나와 상대의 마음 모두에 귀를 기울이자

연애를 하면 내 심장 소리에 귀를 기울이는 것만큼이나 상대의 심장 소리에도 귀를 기울여야 한다. 지금 상대가 내게 어떤 마음을 가지고 있는지, 무엇에 불만을 품고 있는지에 대해 그냥 그러려니 하고 넘어가서는 안 된다. 그리고 이 룰은 나에게도 똑같이 적용이 된다. 무언가 이전과 달라진 것 같은 내가 느껴진다면 연애에 적신호가 켜진 것이나 다름없다. 시간이 지남에 따라 설렘 같은 것이 옅어진다든가 하는 자연스러운 변화가 아닌 어느 날 갑자기 지금 당신이 하는 연애에 대해 시시해졌다거나 혹은 귀찮 아졌다면 그건 단순하게 연애의 초창기에서 안정기로 넘어가기 위한 변화가 아닌 분명히 어떤 문제가 있고 이로 인해 사랑이 식 었다는 이야기가 된다.

☆연애는 절대 슬렁슬렁 그냥 할 수 있는 것이 아니다. 나 의 마음도 상대의 마음도 면밀하게 살펴 가면서 서로에 대해 어 떤 감정을 느끼고 있는지 정확하게 알아야 한다. '내가 너무 사소 한 문제를 가지고 크게 생각하는 건 아닐까?' 하고 의심하기 전에 당신이 왜 그런 감정을 느끼게 되었는지를 잘 생각해 보길 바란 다. 이런 사소한 것들을 그냥 넘겼다가 끝나는 연애가 더 많다는 것을 잊지 말자. 그러니 이제 연애에 있어서만큼은 아무리 사소한 부분이라도 그냥 넘겨 버리지 않기를 바란다.

오히려 독이 되는
연애 상담

DATE ▒▒▒▒▒▒▒▒▒▒
난이도 ○○○○○
복습횟수 □ □ □

핵심 키워드
**연애 상담,
연애 코치**

틀린 이유
□ 주변 상황
□ 상대방 문제
□ 내 문제
□ 의견 차이
□ 성격 차이
□ 오해
□ 타이밍
□ 기타 (   )

Question

　　　　　연애를 하다 보면 문제가 생길 때가 많아요. 이럴 때면 언제나 친한 친구들이나 주변 사람들에게 상담을 하곤 해요. 그렇지만 상담할 당시에는 아 그렇구나 하다가도 결국 별로 도움이 되지는 않는 것 같더라고요. 연애 상담, 해야 할까요? 아니면 제 소신대로 행동해야 하는 걸까요?

KeyPoint
✓ 연애 상담, 어디까지 들어야 할까?
✓ 내 연애의 문제, 누구에게 고민을 털어놓을까?

연애를 하다 보면 타인에게 조언을 구할 때가 있다. 조언자는 흔히 친구가 가장 많을 것이다. 그중에서도 연애를 못해 본 친구보다는 되도록 연애 경험이 많은 이에게 조언을 구하게 된다.

연애 조언을 구하다 보면 간혹 머리에 전구가 켜진 것처럼 보이지 않았던 것들이 훤히 보여서 조언자가 마치 구세주처럼 느껴지기도 한다. 하지만 그건 조언자가 대단한 연애 스킬을 알고 있어서가 아니라 나와는 전혀 다른 관점에서 이 문제를 바라봤기 때문이다. 설사 연애 경험이 부족한 조언자라 하더라도 내 일이 아닌 남의 일일 때, 즉 제3자의 입장에 서면 우리는 좀 더 냉정하게 답을 찾아갈 수 있다.

남이 해 주는 조언은 정답이 될 수 없다

그런데 이 연애 상담이 때로는 독이 될 수도 있다. 연애에 있어서는 반드시 정답만이 답이 아닐 수도 있기 때문이다. 남자는 미리 답을 알고 내게 질문을 던진 시험 출제자가 아니다. 그도 사실은 잘 모르겠거나 아리송한 부분이 얼마든지 있을 수 있다. 여기서 정답을 맞히겠다고 이 사람 저 사람에게 마구잡이로 조언을 구한다면 어느새 연애는 산으로 간다.

연애는 마치 올림픽 체조 경기와도 같다. 최고점과 최하점을 피한 나머지 점수들만 모아야 한다. ☆뭐든 극단으로 가는 것은 피해야 하며 모든 선택의 중심에는 나다움이 함께 있어야 한다.

연애를 다른 사람의 조언에 의지한다면 어떻게 되겠는가. 나의 극단은 막아 줄 수 있을지 모르겠지만 또 다른 사람이 내린 극단이 될 수도 있는 위험은 얼마든지 존재한다.

다른 사람에게 조언을 구하지 말고 혼자 무작정 부딪치라는 얘기가 아니다. 다만 연애에 있어 조언은 내가 알아 두면 좋을 이야기 정도로 그쳐야지 타인이 대신 내려 준 답을 그대로 따라 쓰지는 말라는 이야기다.

연애 상담이 위험한 이유는 또 한 가지 더 존재한다. 어떻게 설명을 한다 하더라도 '그'라는 사람에 대해 100퍼센트 다 설명을 할 수는 없다. 내 감정 상태에 따라 내 연인은 좋은 사람이었다가 천하의 나쁜 인간이 될 수도 있는 것이다. 내 대신 결정을 내려 달라고 말하는 사람에게 미리 입력시키는 정보 자체에 오류가 있다면 거기서 나온 답을 과연 얼마나 신뢰할 수 있을까?

또 연애에 있어 답에 영향을 끼치는 것이 비단 그 사람이 어떤 사람인지만은 아니다. 지금 우리 연애가 어떤 상태인지도 상당히 중요한 정보이다. 그런데 이것 역시 말로 다 설명되지는 않는 부분이다. 그에게 느꼈던 미묘한 감정, 말로 하지는 않았지만 눈빛으로 알 수 있는 것들을 타인이 어떻게 알 수 있겠는가. 그건 오직 나와 그만 알 수 있는 공기의 냄새 같은 것들이다.

만약 연애에 있어 조언을 구하고 싶다면 처음부터 내 연애를 지켜봐서 어느 정도는 아는 사람, 그리고 나라는 사람을 아주 잘 알고 있는 사람에게 구해야 한다. 이게 충족되지 못한다면 최소한 나, 그리고 그에 대한 정보는 누락되거나 아예 삭제된 채 이뤄져서는 안 된다. 단편적인 상황만 놓고 결론을 내리는 것은 언제나 위험하다. 그건 원인을 찾지 않고 바로 치료 과정으로 들어가는 것과 마찬가지다. 비록 병은 나을지 모르지만 어디서 출발했는지 알 수 없으니 재발의 위험을 안고 가야 한다. 지금 당장이야 답을 내리지 못해 답답했던 내 연애에 반짝 불이 들어온 것 같겠지만 그다음 전혀 엉뚱한 곳에서 문제가 터질 수도 있다. 타인의 조언대로 행동한 내 모습을 본 그 사람이 진짜의 나를 보여 주었을 때 오히려 나 같지 않아 이질감을 느낀다면 이걸 어디서 어떻게 고쳐야 하겠는가. 그리고 나 아닌 다른 사람이 내린 답에 나 자신이 100퍼센트 공감을 하지 못했다면 그건 설사 정답은 될 수 있을지 모르겠지만 적어도 내가 내린 답은 아니다.

답을 알고 있는 것은 바로 당신

그렇다면 연애에 있어 고민이 생길 경우 혼자 끙끙 앓아야 할까? 아니다. 누군가에 털어놓고 이야기하는 것만으로도 우리는 굉장히 많은 부분에 있어 도움을 받을 수 있다. 꼭 상대가 답을 내려 주지 못한다 하더라도 내 속에 있었던 것을 말로 한 번 꺼내는 것으로도 큰 위로가 될 때도 있다. 정신과 상담을 한 번이라도 해본 사람은 알겠지만 정신과 전문의가 우리에게 문제의 답이나 해결책을 대신 내려 주는 경우는 거의 없다. 대개는 이야기를 잘 들어주고 함께 답을 찾아 나가며 피해 가야 할 지뢰 같은 것을 밟지 않도록 팁을 주는 역할 정도만 한다.

그러나 당신이 조언을 구한 조언자가 이렇게 많은 부분을 고려하리라는 보장은 어디에도 없다. 단 몇 분에 걸친 이야기를 듣고 헤어져라 말아라 할 수 있는 건 조언의 영역이 아니라 점쟁이나 할 수 있는 부분이다. 답답하겠지만 뭉뚱그려진 답을 제시하거나 스스로 더 잘 생각할 수 있도록 살짝만 도움을 주는 조언자가 가장 훌륭한 조언자이다. 그러나 당신이 조언을 구한 사람을 생각해 보자. 그들은 아마 단 몇 마디만 듣고도 확실한 답을 내려 주었을 것이다. 물론 당신이 생각하지 못한 답들을 말이다.

조언자가 내린 답에 대한 결론과 그 이후를 감당할 사람은 조언자가 아니라 당신 자신이다. 조언자는 어찌 되었건 자신의 일이 아니기 때문에 그만큼 냉정하게 또는 쉽게 답을 내릴 수 있는 것이고 내가 지금 답을 못 내리고 어려워하는 것은 내가 어리석어서도 뭘 몰라서도 아닌 어찌 되었건 그 모든 일의 결과를 책임질 사람이 바로 나이기 때문이다.

☆당신은 누구보다 당신 연애에 대한 답을 잘 알고 있는 사람이다. 조언을 구한다 하더라도 결국 실제로 행동하고 그 행동에 따른 책임은 당신의 몫이다.

정말로 모르겠으면 차라리 연애 상대에게 솔직하게 물어보자. 내 감정은 최대한 자제하고 지금 내가 어떤 것을 해야 할지 잘 모르겠어서 당신의 의견을 듣고 싶다고 솔직하게 말한다면 상대는 가장 정확한 답을 알려 줄 것이다.

남자와 여자의
언어는 다르다

DATE ▐▌▐▌▐▌▐▌▐▌▐▌

난이도 ○○○○○

복습횟수 □ □ □

핵심 키워드
대화,
속마음

틀린 이유
□ 주변 상황
□ 상대방 문제
□ 내 문제
□ 의견 차이
□ 성격 차이
□ 오해
□ 타이밍
□ 기타 (   )

Question

　　　　남자친구와는 대화 자체가 안 된다는 생각이 듭니다. 내가 하는 모든 이야기들을 다 피곤해 하는 것 같아요. 그는 나와 대화를 원하지 않는 걸까요? 아니면 내가 하는 말을 아예 못 알아듣는 걸까요? 우리는 어떻게 해야 할까요?

KeyPoint

✓ 내 말을 못 알아듣는 남자친구, 어떻게 할까?
✓ 우리는 서로 대화가 안 통하는 것 같다.

여자와 남자가 언쟁을 벌이면 대개는 여자가 이기게 되어 있다. 남자들은 여자만큼 말을 조리 있게 잘하지도 또 시시콜콜한 것까지 다 기억하지도 못한다. 이건 결코 우연의 산물이 아니다.

고대 선사시대에는 남자가 사냥을 나가면 여자들은 아이를 돌보고 집안일을 했다. 하지만 이것 말고도 중요한 한 가지 일과가 남아 있었다. 여자는 남자가 사냥을 해 온 것을 가지고 이웃들과 물물 교환을 해야 했는데, 이때 좀 더 유리한 조건에서 물물 교환을 하기 위해서는 반드시 대화가 필요했다. 자신이 가진 물건의 장점을 피력하는 동시에 상대가 가진 것의 단점이나 흠집을 찾아내어 조금이라도 더 많이 가져와야 이득이었다. 이 과정을 통해 여자들은 언어의 사용 빈도뿐 아니라 그 질도 남자들보다는 월등하게 발전하게 되었다.

반면 남자는 작은 것 하나하나를 기억하기보다는 중요한 부분을 제대로 기억해야 했다. 어디에 가면 사냥감이 많은지 또 어디는 맹수들이 자주 출몰하는지는 생명과 직결된 문제였다. 만약 여자들처럼 이들이 사냥터에서 수다를 떨었다면 사냥감이 눈치를 채고 도망을 가거나 맹수가 습격을 해도 빨리 알아차리지 못할 수도 있으므로 그들은 점점 더 중요한 말 이외에는 하지 않게 되었다.

여자와 남자가 아예 다른 별에서 온 종족이라는 시선은 좀 과장되어 있기는 하지만, 서로 다른 부분들이 존재하는 것만큼은 분명 사실이다. 남자는 하루 종일 일을 하고 나면 피곤해서 아무 말도 하고 싶지 않아 한다. 반면 여자는 낮에 피곤한 일이 있었을수록 더 많은 대화를 원한다. 남자에게 있어 말이란 꼭 필요한 것을 위해 존재하는 것이지만 여자에게 있어 말은 스트레스를 푸는 과정이자 상대와 공감대를 형성하기 위한 아주 중요한 행위이다.

남자가 알아들을 수 있도록 대화하라

여자는 말수가 줄어들고 전화 통화도 빨리 끝내려는 남자를 보면서 이제는 더 이상 나를 사랑하지 않거나 내게 관심이 없다고 생각한다. 남자가 다음에 이야기하자는 식으로 미룬다면 여자는 화가 난다. 왜냐면 그 내일과 나중에는 그때대로 또 할 말들이 있을 것이기 때문이다. 이렇게 하고 싶은 말들이 속에서 점점 쌓이다 보면 결국은 여자가 폭발하는 순간이 온다. 그때는 남자는 기억하지도 못하는 온갖 일들이 다 쏟아져 나온다. 큰 줄기만 기억하는 남자로서는 잎사귀 하나까지 다 기억하는 여자가 그저 신기하고 놀라울 뿐이다.

여자가 에피소드를 중심으로 사건을 기억한다면 남자는 사건의 핵심 포인트 위주로 기억한다.

연인 사이에 언쟁이 시작되면 남자는 현재만 이야기하길 바란다. 하지만 여자는 현재가 있기까지의 그 모든 과정을 다 이야기하고 싶어 한다. 현재는 과거의 것들이 쌓인 결과물이기 때문이다. 남자에게 있어 중요한 것은 어떻게 하면 지금 당장 이 언쟁을 빨리 끝낼 수 있는 것인가이다. 그들은 길게 말하길 원하지 않는다. "그래서 어쩌자고?"라는 말을 많이 하는 이유는 빨리 결론을 내고 싶어서이다. 그러나 여자에게 결론이 빨리 나고 나지 않고는 중요한 문제가 아니다. 그보다는 이야기하는 것 자체가 중요하다고 생각한다. 여자에게 대화는 소통을 의미하기 때문이다.

그렇다면 언제까지 이렇게 계속 다른 생각, 다른 말, 다른 받아들임을 반복해야 할까?

이를 방지하기 위해서는 우선 남자에게 결론이 나지 않을 이야기나 상대가 어떻게 해 줄 수 없는 부분에 대해서는 너무 길지 않게 이야기해야 한다. 남자에게는 사실 위주로 이야기해야지 느낌이나 감상까지 가 버리면 너무 긴 이야기가 된다. 거기다 여자는 한 가지를 이야기하다가 옆으로 수없이 가지 뻗기 식의 이야기 전개를 하는데 한 가지 줄기만 가지고 이야기를 하는 것이 현명하다. ☆길게 이야기해 봐야 남자는 거의 아무것도 다시 기억하지 못하며, 때로는 듣고 있어도 여자가 무슨 말을 하는지 이해하지 못하기 때문이다.

사랑하는 사람에게 내가 하고 싶은 말 하나도 못하면서 그게 무슨 연애고 사랑이냐고 하겠지만 남자들은 말이 많은 것 자체를 피곤해 하는 것은 물론이고 여자가 한 가지 이야기를 가지고 얼마나 많은 곁가지들을 칠지 두려워한다. 남자에게 있어 말이란 결국 정보를 의미한다. 내가 굳이 알지 않아도 상관없을 감정 같은 것은 들어봤자 별로 소용이 없다. 그래서 남자에게는 명확한 결론을 내려 주어야 한다. 무언가를 원한다면 그 부분에 대해서 정확하게 말해야지 애매하게 돌려 말한다거나 은유법을 사용하면 남자는 전혀 알아듣지 못한다.

사실 위주로 핵심만 간단히!

당신이 지금까지 남자와 대화를 하면서 답답함을 느꼈다면 거기엔 이유가 있다. 여자는 미로 찾기 식의 대화를 좋아하고 그런 대화에서도 얼마든지 자신의 길을 잘 찾아 나갈 수 있지만 남자는 직진을 좋아하기 때문이다.

남자는 당신이 하는 대부분의 이야기를 이해하지 못하거나 혹은 기억하지 못하거나 둘 중 하나이다. 남자에게 있어 대화란 해야 할 중요한 핵심만 말하는 것이지 이런저런 이야기를 하며 서로를 더 깊이 이해하고 공감하는 과정이 아니다. 그러므로 남자에게 너무 많은 말들은 하지 말자. 그래 봐야 당신은 잔소리가 심한 여자밖에는 되지 않는다. 당신이 하고픈 이야기라는 것은 때로는 결론과 결말이 없을 수도 있다. 하지만 남자는 왜 피곤하게 결과나 결말도 없는 이야기를 하는지 전혀 알지 못한다. 여자에게 있어 말은 감정을 드러내고 때로는 자신의 마음을 정리하고 더 나아가 치유의 역할까지도 한다. 하지만 남자는 말하기보다는 차라리 입을 다물고 조용히 있는 것으로 스트레스를 푼다.

지금까지 당신이 한 이야기를 남자가 무심해서 그냥 넘겼다고는 생각하지 말자. 단지 그 말에 남자가 판단하기에는 기억해야 할 어떤 중요한 무언가가 없었을 뿐이다. 남자에게 내가 그때 느낀 감정 같은 건 아무리 이야기해 봐야 별 소용이 없다. 차라리 ☆남자에게는 육하원칙에 맞춰 반드시 기억해야 할 것을 사실 위주로 말해 주는 것이 훨씬 더 효과적이다. 애매하게 둘러서 말하면 그들은 당신이 원하는 그 무엇도 하지 않을 것이다. 이유는 단 하나 당신이 하는 말을 전혀 못 알아들었기 때문이다.

연애의 속도를
맞추는 방법

DATE

난이도 ○○○○○

복습횟수 □ □ □

핵심 키워드
연애 진도,
스킨십

틀린 이유
□ 주변 상황
□ 상대방 문제
□ 내 문제
□ 의견 차이
□ 성격 차이
□ 오해
□ 타이밍
□ 기타 (   )

Question

저는 언제나 연애를 하면 너무 빠르다는 생각을 합니다. 남자 쪽에서는 항상 관계가 빨리 진전이 되길 바라는데 제 생각은 좀 다릅니다. 좀 더 신중하고 싶어요. 연애의 진도, 앞으로 제가 어떻게 하면 너무 빠르지 않게 적당히 잘 조절할 수 있을까요?

KeyPoint
✓ 우리의 연애, 진도가 너무 빠른 거 같다.
✓ 과연 연애에서 적당한 속도란 무엇일까?

연애에 있어 진도를 맞추는 것은 생각보다 여러 가지 복잡한 것들이 얽혀 있는 일이다. 상대보다 내가 조금 더 빨라도 안 되고 그렇다고 너무 느려서도 안 된다. 연애에 있어 많은 문제들이 연애의 속도를 맞추지 못해 발생하기도 한다.

사실 남자들은 연애의 진도가 빨리 나가기를 원한다. 그들의 목적은 일단 상대에게 내 여자라고 일종의 도장을 콱 찍는 것이니까. 하지만 여기에 같이 속도를 맞추었다가는 나중에 후회를 하게 된다. 빨리 시작한 관계는 그만큼 빨리 끝이 나기 마련이다. 물론 그렇지 않은 경우도 있겠지만 처음부터 너무 불타오르기 시작한 관계가 나중까지 그 온도를 유지하기란 상당히 힘든 일이다.

아마 당신은 여태까지 많은 연애를 하면서 언제나 연애 진도에 대해 고민을 했을 것이다. 남자를 무작정 따라 갈 수도 없고, 그렇다고 내 속도를 고집하자니 괜히 튕긴다거나 혹은 밀당이나 어장관리 등을 하고 있다는 오해를 받지는 않을까 걱정된다.

사실 가장 좋은 것은 상대와 내 마음이 하나가 되어 굳이 속도 같은 것은 생각하지 않고 물 흐르듯 자연스럽게 연애의 진도가 나가는 것이다. 하지만 이미 경험했다시피 그런 일들은 그렇게 자주 일어나지 않는다. 속도가 같으려면 마음이 같아야 하는데 서로 다른 두 사람이 만나서 그런 무언의 합의를 보기를 기대하기란 쉽지 않다.

연애의 속도를 조절하는 방법

그렇다면 어떻게 하면 너무 빠르지도 그렇다고 느리지도 않게 연애의 속도를 적당하게 조절할 수 있을까?

가장 경계해야 할 것은 이 속도를 말로 줄이거나 늘이려고 하지는 말아야 한다는 것이다. 말로 하는 것이 뭐가 나쁘냐고 생각할 수도 있을 것이다. 하지만 말로 꺼내는 순간 상대에게는 그것이 굉장히 큰 상처가 되어 버린다. 속도가 너무 빠른 것 같다거나 혹은 그 반대의 이야기든 뭐든 말로 하지 않는 게 가장 중요하다. 모든 연애 문제는 대화로 푸는 것이 맞다. 하지만 연애의 속도 문제에 있어서만큼은 오히려 말보다는 행동으로 하는 것이 훨씬 현명하다.

먼저 상대와의 데이트 코스를 생각해 보자. 흔히 우리가 하는 첫 데이트 코스는 밥 먹고 차 마시고 영화를 보고 술을 마시는 것으로 이어진다. 그다음에 진도가 더 나갈지 말지는 마지막 코스인 술자리에서 거의 결정이 된다. 이때 술김에, 혹은 오늘부터 제대로 사귀자는 남자의 말만 듣고 마지막까지 허락해서는 곤란하다. 그렇게 빛의 속도를 자랑하는 연애는 좋을 게 없다. 명심하자. 술을 같이 마시는 기회는 되도록 뒤로 미룰 수 있을 때까지 미루자. 혹여 술을 마신다 하더라도 대화를 하기에 적합한 술을 선택해야지 처음부터 독주를 함께 마셔서 함께 취해 버리는 사태만큼은 피해야 한다. 그러면 연애의 속도고 뭐고 전부 술에 취한 기분이 모든 것을 지배하게 되기 때문이다.

알다시피 남자들은 술을 마시면 본능이 더 크게 발동한다. 현재 이 여자에게 그렇게까지는 관심이 없다 하더라도 그들은 당신과 마지막 단계까지 가기 위해서 온갖 감언이설로 유혹하는 게 가능한 존재들이다. 이들에게는 마치 게임의 게이지를 높이는 것처럼 진행 속도가 빠르면 빠를수록 좋은 일이다. 또한 친구들 사이에서도 얼마나 빨리 여자를 정복했는지는 늘 자랑거리가 된다.

반대로 여자들은 전혀 그렇지 않다. 여자들은 이 시기를 뒤로 늦추고 연애의 속도를 천천히 가면 갈수록 더 유리하다. 좀 더 솔직하게 말하자면 뺄 수 있을 때까지 빼는 것이 여자가 취할 수 있는 연애 속도를 조절하는 최상의 길이다.

연애를 할 때 되도록 상대가 혼자 있는 공간에 방문하는 일은 최대한 뒤로 늦추는 게 맞다. 남녀가 폐쇄된 한 공간 안에 있으면 일이 생길 확률이 훨씬 더 높아지기 때문이다.

적절한 속도로 연애의 긴장감을 유지하라

연애의 속도는 사실 여자가 결정하는 것이 여러모로 훨씬 더 자연스러운 일이다. 남자는 어쨌거나 이 문제에 있어서만큼은 철저하게 한 가지 입장을 취할 수밖에 없다. 그러므로 우리는 최대한 연애의 속도를 천천히 갈 수 있도록 행동하는 것이 중요하다.

앞에서도 말했지만 술을 마시는 기회는 뒤로 미루거나 혹은 마시더라도 인사불성이 되는 경우는 피해야 한다. 술을 서로 좀 더 허심탄회하게 솔직한 대화를 나눌 수 있는 수단으로 이용해야지 오히려 역으로 거기에 이용을 당해서는 곤란하다. 두 사람만 있을 수 있는 폐쇄된 공간에 함께 있는 시간 역시 너무 빨리 갖지 않는 게 좋다. 그래야 우리가 생각하기에 적당한 속도로 연애가 진행될 수 있다.

☆ 연애의 속도를 적당하게 유지해야 하는 이유는 딱 하나이다. 우리의 연애가 상대에게 끌려가서 우리 생각보다 훨씬 빨리 끝나지 않도록, 그리고 우리가 원하는 만큼 긴장감 있는 연애를 하기 위해서다. 남자의 뜻대로만 했다가는 절대적으로도 손해를 보는 것이 바로 연애의 속도임을 잊지 말자.

내가 주도권을
잡고 싶다면

05

DATE ▨▨▨▨▨▨▨▨▨▨

난이도 ○○○○○

복습횟수 □□□

핵심 키워드

주도권,
갑과 을,
밸런스

틀린 이유

□ 주변 상황
□ 상대방 문제
□ 내 문제
□ 의견 차이
□ 성격 차이
□ 오해
□ 타이밍
□ 기타 (   )

Question

　　　　친구들은 제게 연애를 할 때 주도권을 잡는 게 중요하다며, 항상 주도권을 잡으라고 해요. 그런데 그게 정말 그렇게 중요한 문제일까요? 만약 중요하다면 연애의 주도권, 어떻게 하면 잡을 수 있을까요?

KeyPoint

✓ 일방적으로 내가 애인한테 끌려다니는 것 같다.
✓ 연애의 주도권, 내가 쟁취하는 방법은?

　　누구와 누가 사귄다고 하면 사람들이 제일 처음으로 묻는 질문이 있다.

"누가 먼저 대시했어요?"

　　사람들이 이 질문을 하는 이유는 현재 연애의 주도권이 누구에게 있는가를 묻기 위해서다. 언뜻 생각하면 저 질문은 누가 더 적극적이었는가를 묻는 것 같지만, 사실은 지금 이 연애에서 누가 강자고 약자인지를 가장 빠르고 손쉽게 파악하겠다는 뜻이다.

　　두 사람 다 서로에게 호감이 있다는 것을 알지만 둘 중 누가 먼저 고백을 하느냐는 중요하다. 물론 고백을 먼저 한다고 연애의 주도권을 넘기는 것은 아니다. 하지만 고백을 먼저 하는 순간, 일단 한 수 접고 들어가는 것만은 확실하다.

사랑이 유치한 게임이라는 걸 인정하자

　　그러나 단지 상대가 먼저 내게 고백을 했다고 해서 안심할 수는 없다. 많은 여자들이 이 지점에서 실수를 한다. 대개 남자가 먼저 고백을 하는 것이 이 사회에서는 자연스러운 일이라는 것을 망각하고, 그가 먼저 고백을 했으니 주도권이 완전히 내 쪽으로 넘어왔다고 착각을 하는 것이다.

분명히 말하지만 고백을 먼저 했다고 해서 주도권을 완전히 내어 준 것도 가진 것도 아니다. 고백을 누가 먼저 했느냐는 연애의 아주 초반기에만 중요한 문제일 뿐이다. 실제로 사귄 지 1년 정도 되는 커플에게는 누가 먼저 사귀자고 했느냐는 질문은 거의 하지 않는다. 그건 그만큼 시간이 지나면 고백에 의한 연애 주도권은 이미 영향력이 거의 사라졌기 때문이다.

다음 관문으로 남아 있는 것이 바로 애정 표현이다. 성인의 연애라면 당연히 이 애정 표현에 섹스도 포함되어 있다. 남자들이 여자에게 먼저 대시할 수밖에 없는 이유도 바로 여기에 핵심이 있다. 결국 마지막까지 갈 것이냐 말 것이냐를 허락할 수 있는 주도권은 여자에게 있다. 남자가 아무리 원한다고 해도 여자가 단호하게 "No"라고 말한다면 그 이후부터는 진도가 나가질 않는다. 해서 이때 여자는 최대한 이 이점을 이용해야 한다.

하지만 많은 여자들이 마음속으로는 이 사람이 나와 한 번 잠자리를 가진 이후로 멀어지거나 내게 소원해지면 어떻게 하지 같은 불안감을 감춘 채 마치 쿨한 척 쉽게 자신의 주도권을 내어 준다. 그러나 절대 그래선 안 된다. 이미 내게 주어진 주도권조차 제대로 활용을 못한다면 만약 상대에게 주도권이 가 있을 경우 어떻게 되겠는가. 늘 마음 졸이고 상처 받고 아픈 쪽은 내가 된다는 얘기다. 그러니 이때는 최대한 내 권리를 누릴 수 있을 때까지 누리는 게 맞다.

잠자리를 언제 OK 하느냐가 뭐 그리 대단한 문제냐고 생각하겠지만 남자들은 결코 그렇게 생각하지 않는다. 여자는 자고 나면 불안해지고 남자는 자고 나면 안심을 하게 되는 것이 바로 섹스이다. 그러니 이때는 할 수 있는 한 남자가 안심을 하는 시기를 미룰 수 있는 데까지 미루는 게 좋다. 여태까지 잠자리를 가진 후에 떠났다는 남자는 본 적이 있어도 잠자리를 빨리 가지지 않았다고 떠났다는 얘기는 들어본 적이 없다.

남자는 우리보다 훨씬 더 본능에 충실하다. 이런 남자에게 섹스는 우리가 생각하는 것보다 더 큰 의미를 가진다. ☆사랑이 세련되고 고급스러운 무언가라고 생각한다면 지금 당장 그 환상부터 버리길 바란다. 사랑은 원래 유치하기 짝이 없다. 이것은 바꿔 말하면 사랑이 유치한 것임을 알고 그 유치함을 인정하는 것을 넘어서서 이용할 수 있는 쪽이 주도권을 가질 수 있다는 말과 동일하다. 연애에 있어 사소한 모든 것들을 허락하고 허락하지 않고는 중요하다. 아무리 작은 일이라도 주도권을 가지기 위해서 어떻게 대처해야 할 것인가를 생각해야 한다. 사랑에 있어서는 뭐든 아껴야 한다. 사랑한다는 말도, 상대와 더 오래 함께 지내고 싶은 마음도 전부 아껴 두어야 한다. 아낌없이 다 꺼냈다가는 어느새 당신은 상대에게 모든 주도권을 내어 주었다는 것을 뒤늦게 알고 후회할지도 모른다.

을의 연애가 행복하지 않은 이유

가장 이상적인 연애가 뭔지를 묻는다면 나는 연애의 무게가 상대도 나도 똑같을 때라고 말할 것이다. 그러나 안타깝게도 연애의 무게가 50 대 50인 경우는 상당히 드물다. 마음의 무게라는 것이 정확하게 측정하는 것이 애초부터 불가능한 데다 아무리 사랑하는 사이라 하더라도 마음의 무게가 똑같을 수는 없기 때문이다. 하지만 굳이 추를 가지고 달아 보지 않아도 우리는 상대가 날 더 사랑하는지 아니면 내가 상대에게 목을 매고 있는지는 귀신같이 알 수 있다. 그래서 연애의 고민은 언제나 상대와 내 마음의 무게에 대한 부분부터 출발한다.

그렇다면 왜 상대를 더 많이 사랑하는 경우 우리는 행복하지 않은 걸까? 여기서 우리는 사랑이라는 마음이 파생시키는 다른 마음에 대해 짚고 넘어갈 필요가 있다.

누군가를 사랑할 때 우리는 무조건적인 사랑을 하는 것은 아니다. 사랑에는 그에 따른 적절한 보상이 필요하다. 내가 이만큼의 사랑을 보였으면 상대도 그 엇비슷한 정도의 사랑을 내게 주어야만 하는데 나만 상대를 사랑하고 있다는 느낌이 든다면 심한 불안을 느끼게 된다.

☆기본적으로 사랑은 서로를 독점하는 것이다. 내가 사랑하는 사람이 나 아닌 다른 사람을 사랑해서는 안 되기 때문에

우리는 서로에게 유일무이한 존재라는 것을 끊임없이 확인 받고 싶어 한다. 그래서 때로는 사랑과 일이라는 전혀 다른 문제를 가지고도 우선순위를 다툴 수도 있다. 만약 상대를 완전히 독점하지 못한다면 그건 내가 사랑하는 사람을 잃게 되는 상황까지 불러온다. 내가 사랑하는 마음이 100이라 하더라도 상대는 마치 70에서 80 정도로 느끼게 하는 것이 밀당의 가장 기본적인 스킬인 것만 봐도 연애에 있어 무게감이 얼마나 중요한 문제인지를 잘 알 수 있다.

무엇보다 밸런스가 중요하다

자 그렇다면 당신의 무게가 상대의 무게보다 무겁다는 가정 하에 지금부터 몇 가지 유의할 점을 알아 보도록 하자.

먼저 가장 중요한 것은 즉흥적으로 판단하고 행동해야 할 경우를 최소화하는 것이다. 무방비 상태에서라면 내 마음을 들킬 위험도가 그만큼 더 높아진다고 보면 된다. 만나서 뭘 할지 결정하기보다는 미리 어느 정도는 결정을 하고 나가는 데이트가 훨씬 더 유리하다.

데이트의 방향이 결정되었다면 머릿속으로 가상의 데이트 시뮬레이션을 돌려 보는 것이 좋다. 이미 데이트를 하기 전에 그 데이트의 전체적인 밑그림을 그려 본다고 생각하면 쉬울 것이다. 데이트 약속을 누가 먼저 잡든 이 데이트에 준비를 해서 나가는 사람이 되라는 얘기다. 절대 우연히 일이 벌어지도록 놔둘 것이 아니라 내 쪽에서는 반드시 준비를 해서 일어날 만한 일만 일어나도록 하는 게 좋다.

다음으로 주의할 것이 우리가 가볍게 넘기기 쉬운 전화통화다. 상대가 전화가 오면 일부러 몇 번은 받지 말고 몇 번째에 받으라는 잔 스킬 정도로는 사랑의 무게를 맞출 수가 없다. 중요한 것은 누가 전화를 많이 했느냐가 아니라 이 전화에 대해 미리 마음을 먹고 대처하는 쪽이 어느 쪽이냐는 것이다. 당연히 전화를 거는 쪽에서는 상대와 통화를 할 수 있는 최적의 상태에서 전화를 했을 것이다. 그러나 전화를 받는 쪽에서는 불시에 온 전화이므로 전혀 준비가 되지 않은 경우가 많다. 그렇다면 이제는 마구잡이로 전화를 받거나 혹은 전화를 건 횟수가 누가 더 많은지를 신경 쓸 것이 아니라 이 전화에 대해 내가 미리 대비할 수 있는 상황을 만드는 것이 더 중요하다. 내가 편하게 대화를 나눌 상태가 못 된다면 상대의 전화를 받아도 지금은 길게 통화하기 힘드니까 이따 몇 시 즈음 다시 전화하자는 약속을 잡자. 여기서 주의할 점은 밀당을 하겠답시고 아예 묵묵부답으로 전화를 안 받거나 아니면 몇 번에 한 번 받겠다는 원칙 같은 건 세우지 말아야 한다는 점이다.

연애는 뭐든 작정하면 표가 나게 되어 있다. 하지만 그렇다고 준비조차 하지 말라는 소리는 아니다. ☆혼자 원칙을 정해 놓고 부자연스러울 정도로 지키라는 것이 아니라 항상 상대를 준비된 상태에서 대하라는 것이다. 연애를 여행이라고 가정해 보자. 1박 2일의 준비와 3박 4일의 준비는 다를 것이다. 또한 국내 여행인지 해외여행인지에 따라 당신의 캐리어 안의 짐들 역시 달라질 것이다. 아쉬우면 현지에서 조달하자는 마인드가 아닌, 미리 준비하고 떠나는 여행 정도로 연애를 대한다면 당신이 원하는 연애의 무게를 어느 정도는 결정할 수 있을 것이다.

　다시 한 번 말하지만 절대 잔 스킬을 쓰거나 어색하게 밀당을 해서는 안 된다. 다만 무방비가 아닌, 미리 준비했을 때 당신은 이 연애의 밸런스를 맞출 수 있을 것이며 더 나아가 연애의 주도권도 잡을 수 있을 것이다.

어느 순간 설렘이
없어진 것 같을 때

06

DATE ▨▨▨▨▨▨▨
난이도 ○○○○○
복습횟수 □□□

핵심 키워드
권태기,
연애의 온도

틀린 이유
□ 주변 상황
□ 상대방 문제
□ 내 문제
□ 의견 차이
□ 성격 차이
□ 오해
□ 타이밍
□ 기타 (   )

Question

　연애 초창기에는 우리 커플도 다른 연인들과 마찬가지였어요. 늘 가슴 설레고 만나고 돌아서면 또 보고 싶었어요. 그런데 이제는 더 이상 그런 감정이 들지를 않아요. 봐도 시큰둥하고 매일 하는 데이트 코스도 지겹기만 하고요. 연애의 온도가 팍 내려간 느낌이랄까요? 이런 미적지근한 연애. 과연 계속해야 할까요?

KeyPoint
　✓ 이젠 더 이상 설레지 않는 연애, 권태기일까?
　✓ 어떻게 하면 다시 뜨거워질 수 있을까?

인간이 연애를 하게 되면 뇌에서 여러 가지 분비 물질들이 나온다. 이른바 천연 마약이라 부르는 성분으로 세로토닌, 도파민, 엔도르핀을 비롯해서 여성에게는 옥시토신, 남성에게는 바소프레신 등의 성적 흥분 물질이 나오기도 한다. 실제로 사랑에 빠진 사람들의 뇌를 특수 장치로 촬영을 해 보면 보통의 사람들보다 감정을 주관하는 부분인 측두엽이 활성화되어 있다고 한다. 이처럼 사랑은 단순히 감정뿐 아니라 뇌에서 분명한 변화가 일어나는 일이다.

하지만 언제까지나 이런 변화가 지속되는 것은 아니다. 보통 우리가 사랑 물질이라 부르는 이런 물질들은 1년 6개월을 기점으로 현저하게 떨어지게 된다. 처음에는 사랑하는 상대의 사진만 보여 줘도 측두엽이 활성화되면서 호흡과 맥박이 증가하는 등 분명한 신체 변화를 보이지만 그 변화는 시간이 지날수록 조금씩 무뎌진다.

하지만 사랑이란 단지 신체적 증상으로만 보자면 '정상'인 상태와는 거리가 멀다. 사랑을 할 때 우리는 흔히 '미쳐 있다' 혹은 '눈에 콩깍지가 쓰였다'는 표현을 하는데, 사실이다. 우리는 사랑하는 사람을 만나면 일정 기간 동안 여러 가지 신경 물질이 분비되고 신체적 변화 또한 확실하게 일어난다. 이것을 우리는 설렘 혹은 사랑하는 마음 등으로 표현을 한다.

그러나 말했다시피 이런 것들은 일정 시간이 지나면 다시 제자리로 돌아가려고 한다. 신체적으로 보자면 사랑하는 상태는 정상의 범주에서 벗어나 있으므로 몸은 빨리 정상의 상태로 복귀를 시도하는 것이다. 사랑을 하는 많은 사람들의 권태기가 보통 1년 6개월이 지나는 시점에서 찾아오는 것은 이런 신체적 반응과 무관하지 않다.

영원히 가슴 뛰는 사랑은 없다

그렇다면 우리는 이 1년 6개월 동안만 사랑할 수 있는 걸까? 아니다 그렇지 않다. 사랑에는 분명한 신체적 육체적 변화가 있지만 그것만으로 사랑이 이루어진다거나 지속되지는 않는다.

사실 세로토닌이나 여러 가지 물질의 분비가 끝난 시점에도 우리는 계속해서 연애를 할 수 있다. 그 이유는 뭘까? 그건 우리의 사랑에 '정'이라는 부분이 생겨나기 때문이다. 처음처럼 설레거나 그 사람을 떠올리는 것만으로도 가슴이 쿵쾅거리는 사랑은 아니라 하더라도 '정'은 훨씬 더 오래 사랑을 지속시키는 힘이 된다. 마음과 육체를 따로 생각할 수는 없지만 이때부터는 육체보다는 마음의 힘이 가동되는 시기라고 봐야 할 것이다.

사랑을 하면 설레는 감정, 그리고 두근거림과 끊임없이 행복한 기분을 느끼는 것은 당연한 일이다. 우리는 그런 감정을 느끼고 싶기 때문에 아마 사랑을 하는 것이리라.

그러나 꼭 그런 감정만이 사랑의 전부는 아니다. 사랑을 하다가 보면 늘 서로에게 설렘만 존재할 수는 없다는 것을 알게 된다. 이른바 익숙해진 것에 대해서는 뇌도 신체도 더 이상 큰 반응을 하지 않는다. 그럼에도 불구하고 우리가 사랑을 계속할 수 있는 것은 이것이 전부가 아님을 잘 알고 있기 때문. 익숙함과 편안함, 그리고 그 사람에 대한 신뢰감과 안정감 또한 사랑을 지속시키는 데 있어 중요한 힘이 된다.

많은 사람들이 뇌에서 분비되는 물질의 변화 때문에 사랑이 식었다고, 혹은 이제는 서로를 봐도 아무런 감정이 없다고 생각한다. 만약 우리가 이런 물질들에만 의존을 한다면 우리의 사랑은 모두 1년 6개월에서 길어야 3년이면 끝이 나야 한다.

하지만 주변의 커플들을 보면 3년이 훨씬 지난 시점에서도 여전히 서로를 사랑하는 커플들이 있다. 그들이 극복해 낸 것은 사랑은 가슴이 뛰고 숨 막힐 것 같은 흥분된 상태만을 의미하지는 않음을 알고 있기 때문이다. 이들에게 있어 사랑이란 초창기에는 보통의 사람들처럼 뇌에서 분비된 화학 물질의 영향을 받겠지만 그 이후부터는 서로에게 다른 부분에 있어서의 만족감에 대한 비중을 노력에 의해 얼마든지 높일 수 있었기 때문에 가능했을 것이다.

☆사랑은 늘 가슴 두근거리는 설렘만을 의미하지는 않는다. 사랑을 하다가 보면 권태기도 찾아오고 이게 정말 사랑인가 싶게 습관적으로 서로를 만나는 모습을 발견하게 되기도 한다. 하지만 우리가 뇌에서 분비되는 물질의 지배만 받는다면 그건 짝짓기가 따로 존재하는 동물과 다를 것이 하나도 없다. 우린 인간이기 때문에 비록 뇌에서는 더 이상 화학 물질이 나오지 않는다 하더라도 서로에 대해 정을 쌓아 가며 만날 수 있는 것이다.

사랑이 늘 설레야 하는 것은 아니다. 특히 연애가 안정기에 접어들수록 처음과는 많이 다른 느낌일 것이다. 그럼에도 우리가 계속 사랑을 한다는 것은 서로에 대해 다른 부분을 찾았기 때문일 것이다.

☆비록 처음처럼 가슴이 뛰지 않는다 하더라도 나에게 편안함과 익숙함, 따뜻함을 제공하는 사랑. 그것 또한 사랑의 한 모습이다.

그러니 사랑이 식었다든가 변했다고 슬퍼하지 말고 이런 모든 것들을 사랑의 자연스러운 한 모습으로 받아들이는 마음을 가져 보자.

영원히 가슴 뛰는 사랑은 이 세상에는 없다. 그러나 분명한 것은 서로를 향해 뛰는 가슴이 완전히 멈추지 않게 하기 위해 그 사람의 다른 부분에 대해서도 받아들이고 또 물리적 시간이 지남에 따라 자연스럽게 쌓여 가는 정에 더 많은 비중을 두면 영원히 사랑하는 것도 얼마든지 가능한 일이다.

오랜 시간이 지나도 서로를 사랑할 수 있는 힘은 처음 느꼈던 감정이 아니라 연애를 하면서 서로를 향해 쌓아 나간 신뢰나 믿음 같은 감정들이다.

데이트 비용,
어떻게 써야 할까?

07

DATE

난이도 ○○○○○

복습횟수 □ □ □

핵심 키워드
**데이트 비용,
데이트 통장**

틀린 이유
□ 주변 상황
□ 상대방 문제
□ 내 문제
□ 의견 차이
□ 성격 차이
□ 오해
□ 타이밍
□ 기타 (   )

Question

연애를 하게 되면 당연히 데이트 비용이 발생하는데요. 요즘 남자들은 여기에 굉장히 민감한 것 같더라고요. 사실 저는 여자보다는 남자가 데이트 비용을 더 많이 지불하는 것이 정상이라고 생각하는데, 남자가 어느 정도까지 부담하는 게 적당한 걸까요?

KeyPoint
✓ 계산할 때마다 뻘쭘한 상황, 이럴 땐?
✓ 합리적으로 데이트 비용을 나누는 방법은?

　　데이트 비용에 관한 문제는 아주 민감한 주제다. 다른 문제가 아닌 바로 '돈' 문제이기 때문이다. 과거에는 남자들이 모든 데이트 비용을 다 지불하는 것이 어느 정도는 당연시 되었다. 하지만 이제 시대가 달라졌다. 남자에게 여자와 연애를 하는 것에 있어 가장 부담되는 점을 꼽으라면 데이트 비용이 1순위에 오를 정도다. 이제 내가 여자라는 이유만으로 무조건 남자에게 데이트 비용을 다 부담시키던 때는 오래전에 막을 내렸다.

데이트 비용은 남자만의 몫은 아니다

　　언젠가 내 또래의 남자들이 커피숍에 모여 하는 이야기를 들은 적이 있다. 그들은 누군가의 여자친구에 대해 뒷담화를 하고 있었는데 그 내용이 여자가 데이트를 하면서 전혀 돈을 쓰지 않는다는 것이었다. 당사자가 여태 네 번을 만났는데 그 동안 단 한 번도 여자가 데이트 비용을 내지 않았다고 말하자 다른 남자들은 모두 하나같이 그만 만나라, 네가 호구도 아니고 대체 왜 그러느냐는 말을 했다. 그 말들을 들으면서 이제 남자들도 참 많이 현실적이 되었구나 하는 생각이 들었다. 설사 여자에게 직접적으로 불만을 말하지는 않는다 하더라도 남자들이 속으로는 전부 데이트 비용에 대해 생각을 하고 있다는 것을 알게 되었다.

그럼 어느 정도로 데이트 비용을 분할해야 적당한 것일까? 남자가 영화를 보여 줬다면 나는 팝콘과 콜라를 사는 것? 남자가 저녁을 샀다면 내가 커피를 사는 정도? 물론 그렇게 간단하게 생각할 수도 있을 것이다. 하지만 이건 결코 그렇게 간단한 문제가 아니다.

연애 초기에는 아마 데이트 비용에 대해 남자가 별 내색을 하지 않았을 것이다. 하지만 시간이 지날수록 당신에게 은근히 데이트 비용이 많이 든다거나 혹은 이번 달 이미 마이너스로 돌아섰다는 등의 듣기에 부담스러운 이야기를 할 것이다. 즉, 남자는 데이트 비용이 아깝다는 얘기를 하고 있는 것이다.

그렇다면 어떻게 하면 데이트 비용 문제에 있어서 조금이라도 서로 편해질 수 있을까?

일단 연애가 시작되면 처음에는 남자가 데이트 비용을 거의 다 지불하는 것이 정석처럼 되어 있다. 그러나 얼마 지나지 않아 남자의 입에서는 볼멘소리가 나온다. 사실 연애에 있어 돈 얘기만큼 민감한 동시에 별로 듣고 싶지 않은 이야기도 없을 것이다. 이런 얘기 자체가 나오지 않게 하려면 아예 처음부터 데이트 비용 문제에 대해 서로 합의를 하는 것이 가장 좋다.

예를 들어 한 번 데이트를 할 때 비용의 상한선을 미리 정한다든가 혹은 서로 부담할 비율을 정하는 것이 좋다. 그러나 이렇게 하는 것은 꽤 번거로운 일이며 시간이 지나면 흐지부지해지기 마련이다. 그래서 그 차선책으로 생각해 볼 수 있는 것이 데이트 통장이다. 물론 이 방법은 연애를 시작하자마자 쓸 수 있는 방법은 아니다. 어느 정도 데이트를 하고 난 다음 두 사람이 우리는 연애를 하고 있다는 마음이 확고해지는 순간부터 쓰면 좋을 방법이다.

먼저 두 사람 이름으로 된 통장과 체크카드를 만든다. 그런 다음 두 사람이 정한 금액을 통장에 함께 넣는다. 이때 비율은 경제적으로 더 여유가 있는 쪽에서 좀 더 많이 부담할 수 있는 문제겠지만 어쨌든 합의된 금액을 미리 통장에 넣어 둔다. 그런 다음 데이트를 할 때 발생하는 모든 비용을 이 통장에서 해결하는 것이다. 보통은 신용카드를 쓰기 때문에 쓰는 비용이 전부 빚처럼 느껴지지만 체크카드를 사용하게 된다면 그런 걱정은 하지 않아도 된다. 남자 쪽에서도 여자가 언제 데이트 비용을 부담할지 촉각을 곤두세우지 않아도 되고 여자 쪽에서도 내가 남자와의 데이트에 있어 어느 정도의 돈을 써야 하는지 신경 쓰지 않아도 돼서 편하다. 데이트를 하면서 남자들의 가장 큰 불만은 여자가 비싼 곳만 가려고 한다는 것인데 이렇게 데이트 비용 통장을 만들어 놓는다면 설사 비싼 곳을 간다 하더라도 둘이 같이 부담을 하는 것이기 때문에 남자는 더 이상 그런 것에 민감하게 굴지 않을 것이다. 데이트 통장을 만드는 것이 어렵다면 번갈아 가며 데이트 비용을 부담하는 것도 좋은 방법이다.

☆ 이제는 남자들도 더는 여자보다 더 많은 데이트 비용을 지불하는 것이 당연하다고 생각하지 않는다. 겉으로야 지불하겠지만 돌아서서는 여자에게 '얻어먹으려고 한다' '날 벗겨 먹으려고 만나는 것 같다'는 생각을 한다. 그런 오해를 받을 바에는 차라리 한 번씩 번갈아가며 데이트 비용을 내는 것도 나쁘지 않다.

단 더치페이는 별로 권장하지 않는다. 물론 더치페이가 가장 정확한 계산법이긴 하지만 아직 우리나라에서는 완전히 정착된 문화가 아니기 때문에 어쩐지 좀 이해 타산적으로 느껴지기 때문이다.

자 이제 데이트 비용, 더 이상 남자가 내는 것이 당연하다고 생각하지 말자. 이미 남자들도 그렇게 생각하지 않은 지 오래되었다. 그렇다면 우리 쪽에서만 시대착오적 발상으로 데이트 비용을 남자에게 모두 부담시켰다가는 돌아오는 것은 결국 남자의 불만일 것이다.

모두가
반대하는 내 연애

08

DATE ▨▨▨▨▨▨▨▨

난이도 ○○○○○

복습횟수 □ □ □

핵심 키워드
**연애 반대,
시련**

틀린 이유
□ 주변 상황
□ 상대방 문제
□ 내 문제
□ 의견 차이
□ 성격 차이
□ 오해
□ 타이밍
□ 기타 (   )

Question

제 주변의 모든 사람들이 남자친구와 사귀는 걸 반대해요. 심지어 부모님까지도 심하게 반대를 하시죠. 반대하는 이유는 남자 쪽 집안 사정이 좋지 않기 때문이에요. 하지만 우리 사랑은 변함이 없어요. 부모님의 반대를 뒤로하고 사귀고는 있지만 언제까지 우리 사랑이 계속될 수 있을까요?

KeyPoint

✓ 부모님과 친구들이 다 애인을 반대한다.

✓ 반대하는 주변 사람들을 어떻게 설득할까?

연애에 대한 고민들을 상담하다 보면 가끔 집안의 반대라든지 아니면 주변의 친구나 지인들이 하나같이 '이 연애 반댈세'를 외치며 말리는 연애를 하고 있는 여자들의 고민을 접하곤 한다. 모두의 축복 속에서 하는 것은 비단 결혼뿐만이 아니다. 연애 역시 마찬가지다. 내가 사랑하는 남자를 가족들은 물론이고 주변 사람들이 모두 다 반대한다면 얼마나 힘이 들겠는가. 물론 처음에는 사랑으로 모든 것을 이겨 내겠지만 시간이 지날수록 '정말 이 연애는 해서는 안 되는 연애일까?' 하는 고민을 떨쳐 낼 수가 없을 것이다.

사람들은 남의 일에, 특히 타인의 연애에 책임을 지고 싶어 하지 않는다. 그저 들어주고 맞장구를 쳐 주는 정도나 할 뿐이다. 그런데 그들이 그렇게 반대를 한다면 거기엔 다 이유가 있을 것이다. 그리고 그 이유라는 것은 사랑에 빠진 내 눈에만 보이지 않거나 혹은 보여도 별일이 아닌 걸로 느껴지는 것일 뿐일지도 모른다.

물에 발을 담그면 더 이상 그 물이 어디로 흐르는지 보이지 않는다는 말이 있다. 인간은 누구나 자신이 그 일에 포함되면 부정적인 측면보다는 긍정적인 측면을 더 확대시켜서 보려고 하는 경향이 있다. 사실 그렇기 때문에 사람들은 어려운 일들도 해내고 팍팍한 삶도 견뎌 낼 수 있는 건지도 모른다.

그러나 이건 어디까지나 삶의 전반적인 태도에 있어서나 좋은 면이지 연애에 있어서는 절대로 좋은 점이라 할 수 없다.

상대의 장점을 확대해서 보는 것은 상관없다. 그러나 단점을 작게 보거나 심하게는 아예 보지 않는다면 문제가 있다.

모두가 반대를 할 때는 다 이유가 있을 것이다. 나에게는 보이지 않는 그 무언가가 타인에게는, 그리고 제3자에게는 너무도 선명하게 보이기 때문이다.

시련을 사랑을 증명하는 시험대로 생각해선 안 된다

예전에 내가 직장생활을 할 때의 일이다. 여직원 중 한 명이 오랫동안 솔로로 있다가 드디어 연애를 하게 되었다는 희소식을 전했다. 우리 모두는 그녀가 얼마나 외로워했는지 알고 있었기에 하나같이 내 일처럼 축하해 주었다.

그런데 어느 날부터인가 그녀의 남자친구가 금전을 요구하기 시작했다. 시골에 계신 부모님이 다쳤다, 차 사고가 났는데 당장 합의금이 필요하다 등등 온갖 이유로 그녀에게 돈을 빌리기 시작했다. 보다 못한 몇몇 여직원들은 그녀에게 그 사람을 만나지 말거나 아니면 만나더라도 돈은 그만 빌려주라고 했다. 막말로 헤어지기라도 하면 차용증 한 장 쓰지 않고 빌려준 그 돈을 다 어떻게 받을 거냐고도 했다. 그러나 그녀는 지금 남자친구가 잠깐 힘든 시기라 그렇지 이 시기만 잘 지나면 결혼을 하기로 했다며, 결혼을 약속한 사이에 돈이 뭐가 그렇게 중요하냐고 반문했다.

이미 그녀는 그가 말하는 장밋빛 미래에 취해 있어 그 어떤 말도 귀에 들어오지 않은 상태였다. 그러다 결국 그녀가 여태까지 벌어놓은 돈을 모두 날렸음은 물론이고 빚까지 진 것을 알게 된 부모님이 나선 뒤에야 그 관계는 겨우 끝이 날 수 있었다.

너무 극단적인 예를 든 것 같겠지만 의외로 이렇게 누가 봐도 절대 아닌 연애, 아닌 사람과 사랑에 빠지는 경우가 심심치 않게 일어난다.

문제는 주변의 반대가 심하면 심할수록 오히려 사랑하는 마음이 더 커진다는 것이다. 만약 로미오와 줄리엣이 원수 집안의 아들딸이 아니었다면 그렇게 서로를 위해 죽음까지 불사할 정도로 사랑할 수 있었을까?

⭐ 시련이 크면 클수록 그걸 내 사랑을 증명하는 시험대로 생각해서는 안 된다. 비바람까지는 모르겠지만 쓰나미가 닥쳐도 과연 그것을 극복해야 할 정도로 이 사랑이 중요한 것인지 냉정하게 생각해 봐야 한다. 모든 고난을 함께 이겨 내고 사랑을 지켜 나가는 사람들이 없는 것은 아니다. 그러나 그건 두 사람이 같이 헤쳐 나갈 때나 가능한 것이다. 나 혼자만 희생하고 노력해야 하는 관계라면 상대는 어쩌면 당신을 사랑한다기보다는 당신의 희생과 노력을 필요로 하는 것인지도 모른다.

연애를 할 때 어려운 일이 생기면 그건 그냥 어려운 일이 생긴 것뿐이다. 그것은 당신의 사랑이 얼마나 깊은지 증명하는 시험대가 아니다. 그리고 그 어려움이 단지 순간에 불과한 것인지 아니면 연애를 하는 내내 끌고 가야 하는 무거운 짐인지를 잘 판단해야 한다. ☆연애를 하는 이유는 결국 행복하기 위해서다. 그런데 연애를 하면서 계속 불행하다면, 다시 말해 웃는 날보다 울 일이 훨씬 더 많다면 그 연애는 다시 한 번 생각해 봐야 한다.

특히 주변 사람들이 모두 반대를 할 때는 나 하나 참고 견디면 되는 문제가 아닌, 어떻게 해도 해결나지 않을 문제인 경우가 많다.

모두가 반대할 때는 이유가 있다

만약 내가 하고 있는 연애를, 내가 아는 대부분의 사람들이 반대한다면 냉정하게 자신의 연애를 바라볼 필요가 있다. 왜 사람들이 반대를 하는지, 만약 이 연애를 계속하게 되면 앞으로 어떻게 될 것인지 최대한 감정을 배제하고 생각을 해 본 다음 결론을 내려야 한다. 주변 사람들은 걱정과 충고를 해 줄 수 있을 뿐, 그 연애를 끝낼 수 있는 사람은 바로 당신뿐이다. 내가 행복하지 않은 연애, 나를 끊임없이 힘들게 하고 불행하게 만드는 남자. 정말 내

인생에 있어 필요한 것일까? 정 판단이 어렵다면 당신이 지금 하고 있는 연애를 내 친구나 가족이 하고 있다고 생각해 보길 바란다. 그때 당신 역시 그 연애를 말리겠다는 생각이 든다면 그건 분명 문제가 있는 연애다.

연애를 하다가 힘든 일을 맞는 커플이 모두 헤어져야 하는 것은 아니다. 하지만 때로는 사랑보다 그 사랑 때문에 치러야 할 대가가 더 크다면 포기를 할 줄도 알아야 한다. 모두가 반대하는 연애에는 분명히 그럴 만한 이유가 존재한다. 그럼에도 그 사랑을 계속 끌고 나가다 보면 언젠가는 당신도 왜 모두들 당신의 연애를 반대했는지 알게 될 것이다. 하지만 그건 이미 때늦은 깨달음일 것이다.

혈액형과 성격은
아무런 연관성이 없다

09

DATE |||||||||||||||||

난이도 ○○○○○

복습횟수 □ □ □

핵심 키워드
혈액형

틀린 이유
□ 주변 상황
□ 상대방 문제
□ 내 문제
□ 의견 차이
□ 성격 차이
□ 오해
□ 타이밍
□ 기타 (   )

Question

저는 B형 혈액형을 가진 남자와 궁합이 잘 맞지 않는 편이에요. 그런데 새로 관심을 가지게 된 남자가 혈액형이 B형이래요. 다들 B형 남자친구가 성격도 까다롭고 만나기 힘들다고 하잖아요. 이 만남, 계속 이어가도 괜찮은 걸까요?

KeyPoint

✓ 내 애인과 나의 혈액형은 최악의 궁합이다.

✓ 과연 혈액형, 어디까지 믿어야 할까?

몇 년 전 〈B형 남자친구〉라는 영화가 개봉했었다. 영화의 내용은 한 여자가 혈액형이 B형인, 정확하게는 B형 혈액형의 특징이라고 알려진 다혈질에 욱하는 성격에 즉흥적인, 한마디로 성격이 결코 좋다고 볼 수 없는 남자를 만나서 연애를 하면서 고생을 하는 그런 내용이었다. 주인공인 여자가 새로운 남자를 만나게 되었다고 자신의 언니에게 말하자 언니가 "설마 B형은 아니겠지?"라 묻는 것으로 시작되는, B형의 온갖 나쁜 점은 다 나온 영화였다. 하지만 뒤끝 없는, 한 번 꽂혔다 하면 절대 포기를 모르는 B형 남자의 장점 덕분에 영화는 해피엔딩으로 끝이 났다.

혈액형별 성격은 독일에서 제일 처음 시작되었다. 그러나 유럽 쪽에서는 별 재미를 보지 못했던 이 이론은 일본으로 건너가면서 얘기가 달라지기 시작했다. 집안에 따로 신사를 마련해 두고 각자의 신을 믿을 정도로 토속신앙이 강한 일본에서는 이 혈액형별 성격 이론을 다룬 책이 꽤 인기를 끌었고 급기야 우리나라에 번역이 되어 가히 선풍적이라 할 만큼 인기를 끌었다.

혈액형은 그저 혈액형일 뿐

사실 우리나라에서 혈액형별 성격 분석법이 인기를 끌기 시작할 무렵 일본에서는 이 이론이 이미 말도 안 되는 한물 간 이론으로 치부되었다. 하지만 예상외로 우리나라는 아직까지도 이 혈액형별 성격을 믿는 사람들이 많고, 특히 연애에 있어서는 서로 궁합이 잘 맞는 혈액형들부터 시작해서 온갖 이론들이 다 떠돌고 있다.

우리가 알고 있는 혈액형은 불과 A형, B형, O형, AB형(모두 RH+) 이 네 가지에 불과하지만 실제로는 50개가 넘는 혈액형이 존재한다. 혈액형이란 적혈구 속에 존재하는 항원일 뿐이며, 이것은 특정 혈액형과 혈액형이 만나면 응고 반응이 일어나기 때문에 수혈을 할 때나 문제가 되지 성격 같은 것과는 아무런 상관이 없다. 그럼에도 불구하고 우리나라에서는 꾸준하게 혈액형별 성격을 믿고 있는데 혈액형별 성격 특징을 보면 '어, 나랑 정말 비슷하네' 하고 느껴지기 때문이다. 그러나 이것 역시 바넘 효과에 지나지 않는다.

바넘 효과란 자신이 생각하는 스스로의 부정적인 면이 마치 자신에게만 있는 특징처럼 느끼는 것이다. 즉 혈액형별 특징을 보면서 사람들이 특히 자신과 같다고 공감하는 이유는 바로 그 혈액형별 특징이 가지고 있는 부정적인 면 때문이다. 만약 어떤 혈액형인지 알리지 않고 혈액형별 성격 특징표를 주면 사람들이 모두 자기 혈액형의 특징이라고 믿게 된다고 한다.

내가 혈액형에 대해 이렇게 자세하게 이야기하는 이유는 아직도 많은 사람들이 상대의 성격을 혈액형으로 파악하려 한다든지 혹은 심하게는 소개팅이나 미팅을 하는 자리에 나가서 혈액형이 뭐냐고 묻는 일이 흔하게 일어나기 때문이다. 그리고 혈액형별 책에 근거해서 혹은 인터넷에 떠돌고 있는 혈액형별 특징에 따라 A형 남자는 소심하다더라 B형 남자는 다혈질이라더라 하는 선입견을 가진다.

혈액형과 성격은 그 어떤 상관관계도 없음에도 불구하고 이런 미신에 가까운 믿음 때문에 오늘도 많은 남녀들이 서로의 혈액형을 연애를 하기 전에 알고 넘어가야 할 중요한 요소라고 생각한다. 그러나 다쳐서 서로 수혈을 할 게 아니라면 혈액형이란 것은 적어도 연애에 있어서는 아무런 영향도 미치지 않는다.

그래도 군이 혈액형별 성격을 믿겠다면 한 가지 물어보겠다. AO형과 BO형, OO형에게 모두 수혈이 가능한 O형의 경우, 만약 AO형의 환자에게 수혈을 했다면 AO형은 A형의 특징이라 믿는 소심함이 사라지고 대인관계가 원만한 편이나 고집은 센 O형의 특징을 가지게 될까? 만약 혈액형별 성격의 특징이 정말로 존재한다면 큰 수술로 수혈을 받은 모든 사람들이 수혈을 받기 전과는 성격이 달라져야 하는데 아직까지 그런 예는 어떤 곳에서도 보고된 바 없다. 다시 말하지만 ☆혈액형과 성격은 아무 상관도 없으며 혈액형별로 어울리는 궁합 같은 건 존재하지 않는다.

그러니 남자를 만나기 전에 혈액형까지 따지며 피곤하게 살지 말자. B형 남자를 만나건 A형 남자를 만나건 아무 상관없다. 중요한 것은 그 사람의 진짜 성격이나 인품이지 혈액형이 아니다.

쿨한 연애는
존재하지 않는다

10

DATE ▨▨▨▨▨▨▨▨▨▨

난이도 ○○○○○

복습횟수 □ □ □

핵심 키워드

쿨한 연애

틀린 이유

□ 주변 상황
□ 상대방 문제
□ 내 문제
□ 의견 차이
□ 성격 차이
□ 오해
□ 타이밍
□ 기타 (   )

Question

　　　사람들은 제게 모두 좀 더 '쿨'해지라고 말합니다. 특히 연애에 있어 쿨하지 못한 제가 너무 촌스럽게 느껴져요. 남자친구들도 쿨하지 못하게 왜 이러느냐는 말을 많이 했었고요. 저는 정말 쿨해질 수 없는 여자인 걸까요?

KeyPoint

✓ 내게 쿨한 연애를 강요하는 남자친구!
✓ 연애에 어떻게 쿨할 수 있는 걸까?

쿨하다는 것은 냉정하다는 말이 아니라 강하고 멋있다는 의미다. 특히 사람에게 쿨하다는 말은 더할 수 없는 칭찬이다. 쿨한 사람들은 관계에 있어 선을 지키며 상처를 잘 받지 않고 동시에 남에게도 피해를 주지 않는 성숙하고도 강한 멘탈을 가진 사람들이다. 이런 사람들은 공적인 일을 수행하는 것으로나 그 사람 개인적으로나 무척 매력적인 존재다. 사사로운 정에 이끌려 일을 망치지도 않으며 누군가에게 과도하게 기대어 짐이 되지도 않는다.

이런 사람들이 워낙 매력적이다 보니 이들이 하는 연애도 모두의 부러움을 산다. 사랑할 때는 뜨겁게 사랑하지만 헤어질 때는 쿨하게 서로의 행복을 빌어 줄 수 있는 연애. 누군들 이런 연애를 꿈꾸지 않겠는가. 하지만 문제는 바로 이 쿨한 연애의 환상에 사로잡힌 나머지 나의 말과 행동을 생각과 다르게 표출할 때 생긴다.

억지로 쿨한 척 무리하지 말자

사실 연애에 있어 쿨할 수 있는 사람은 실제로 그리 많지 않다. 그럴 수 있는 것은 애를 쓰거나 노력을 해서라기보다는 원래의 성격상 저절로 그렇게 되는 것이다. 하지만 쿨하지 않은 사람이 쿨하려고 하면 분명히 무리를 해야 한다.

보이는 모습의 대부분은 우리가 결정할 수 있다. 솔직한 나를 보여 줄지 아니면 연출되긴 했지만 내가 보이고 싶은 나와 가까울지는 개인이 선택할 문제다.

자기 자신을 바꾸고 싶어 하는 사람들이 제일 손쉽게 택하는 것은 남에게 보이는 나의 모습을 바꾸는 것이다. 사람은 좀처럼 자기 자신을 바꾸기가 어렵다. 아무리 마음먹기에 따라 달린 일이라고 하지만 진정으로 그렇게 바뀌기까지는 꽤 오랜 시간이 걸린다. 그래서 일단 가시적 효과가 가장 큰, 남들 눈에 비치는 나부터 먼저 바꾸는 것이다. 그러나 정작 진짜의 나는 아무것도 바뀌지 않은 경우가 많다.

연애에 있어 자신을 바꾸는 부분은 대개 쿨하지 못해서 미련했던 과거의 모습일 것이다. 새로운 사랑을 하게 된 만큼 전과는 다르고 싶다. 그래서 이번에는 아주 쿨한 사람이 되기로 한다. 어디에서 무얼 하는지 꼬치꼬치 캐물었던 나도, 상대가 전화를 받지 않으면 스무 통이고 서른 통이고 전화를 걸던 나도 더 이상 없다. 한동안은 그렇게 사랑에 쿨할 수 있는 내가 대견스럽다. 이제 적어도 상대를 질리게 할 염려는 없어졌다.

하지만 시간이 조금 지나면 또 다른 문제가 기다리고 있다. 진짜로 내가 원하는 것과 내가 만들어 낸 내가 원할 수 있는 것이 너무 큰 차이가 나기 때문이다. 겉으로는 쿨한 척하지만 쿨하지 않은 내가 감당해야 할 스트레스는 배가 된다.

그렇다면 생각해 보자. 당신의 지나간 연애에서 쿨하지 못했던 당신의 모습만이 문제였을까? 지난 사랑이 실패한 원인이 정확하게 쿨하지 못한 당신에게 있는지 생각해 보자는 것이다.

연애는 혼자 하는 것이 아니라 두 사람이 함께하는 것이다. 어떤 사람을 만나는가에 따라 똑같은 문제도 전혀 다른 반응과 결과를 가져올 수도 있다. 그런데 지난 연애가 모두 쿨하지 못한 자신 때문에 실패했다고 생각한다면 그건 문제를 너무 단순화시킨 것이다. 더구나 진짜로 쿨해졌다면 모르겠지만 억지로 쿨해야 한다는 생각에 그런 척을 하고 있다면 지금 이 사랑은 예전 사랑과 다르게 성공할 수 있을까? 아니다. 억지로 쿨한 척을 하느라 내가 원하는 것을 제대로 말하지 못할 것이고 상대에게 불만이 있어도 쿨한 나는 넘어가지만 진짜의 나는 그걸 감당하고 견뎌야 한다.

쿨하지 못해도 미안할 필요는 없다

얼마 전에 연애 상담에서 한 여성의 고백을 들을 수 있었다. 그녀는 헤어진 남자친구와 꽤 오랜 공백기를 극복하고 최근 다시 만나서 연애를 하고 있었다. 표면적으로는 아무 문제도 없었다. 공백 기간 동안 그 여성은 스스로 반성하는 시간을 많이 가졌고 그래서 이제는 달라진 연애를 하고 있었다. 다소 집착했던 모습을 버리고 싸우고 싶어도 꾹 참고 되도록 상대를 편안하게 해 주기 위해 노력했다. 그러나 이상하게도 연애는 제대로 흘러가지 못했다. 분명 예전에 문제가 되었던 부분을 바꾸었는데 도대체 뭐가 문제라서 여전히 둘 사이가 삐걱대는 건지 납득할 수 없어 했다. 그러나 이 여성은 상담 과정을 통해 자기 자신을 제대로 바라보게 되었다. 스스로는 바뀌었다고 믿었지만 사실은 바뀐 게 아니라 순전히 혼자 인내하고 참아 냈을 뿐 진짜로 바뀌거나 괜찮은 건 아니었음을 알게 된 것이다.

지난 연애의 문제점이 순전히 자기 자신에게만 있으며 그것이 쿨하지 못해서라 믿었던 그녀는 문제를 조금 다른 방식으로 바라보기 시작했다. 그녀는 자신의 모습 중 일부는 그대로여도 괜찮다고, 꼭 잘 참고 잘 견디는 것이 능사는 아니었다는 자기 안의 답을 찾아냈다. 함께 이야기를 나누면서 찾아낸 또 하나의 진실은 그녀가 참고 견뎌 내고 있다는 것을 남자친구도 이미 알고 있다는 것이었다. 결국 그런 척 애를 써야 했던 쿨한 연애는 두 사람 중 어느 누구에게도 마음 편한 연애는 아니었던 것이다. 본인은 본인대로 참고 넘어가느라 애를 쓰고 상대는 상대대로 눈치를 보게 되었던 것. 이후 두 사람은 오랫동안 서로의 마음을 이야기하고 금기시 했던 지난 연애의 문제점을 함께 생각해 보는 시간을 가지게 되었다. 적어도 어느 한쪽이 일방적으로 내리는 결론이 아닌 서로 함께 내리는 결론이라면 예전보다는 많이 편안해졌으리라 생각한다.

☆ 정말 쿨한 사람이라면 자신이 쿨한 연애를 하는 것이 별로 문제가 되질 않을 것이다. 하지만 뜨거운 사람이 상대를 의식한 나머지 마치 쿨한 것처럼 연애를 하고 있다면 그건 자연스러운 일이 아니다.

연애는 어쩌면 쿨한 사람도 뜨겁게 만드는 것인지도 모른다. 관계에 있어 냉정함이 꼭 만족감과 직결되지는 않는다. 해서 쿨하지 않은 당신에겐 죄가 없다. 억지로 쿨한 척하며 연애를 해 봐야 진짜가 아니라면 그 연애가 잘될 리가 없다.

내일이 없는
연애는 위험하다

11

DATE |||||||||||||||||

난이도 ○○○○○

복습횟수 □ □ □

핵심 키워드

**권태기,
미래,
귀찮음**

틀린 이유

□ 주변 상황
□ 상대방 문제
□ 내 문제
□ 의견 차이
□ 성격 차이
□ 오해
□ 타이밍
□ 기타 (   )

Question

언제부터인가 남자친구와 데이트하는 것이 지루하기만 해요. 귀찮기도 하고요. 그렇다고 딱히 헤어지고 싶은 마음이 드는 것도 아니에요. 저, 어떻게 해야 하는 걸까요?

KeyPoint

✓ 이제는 데이트가 귀찮기만 하다.
✓ 헤어질 마음은 없는데, 왜 연애가 지루한 걸까?

'포미닛'의 현아와 '비스트'의 현성이 '트러블 메이커'를 결성해서 동명의 곡을 크게 히트시켰다. 이들의 후속곡은 〈우리에게 내일은 없어〉였다. 그들이 부르는 사랑 노래는 평범하고 소박한 연애가 아닌 광기 어린 사랑을 그리고 있다.

사실 누군가를 사랑한다는 상태는 의학적으로 보자면 정상의 범주에 벗어나 있는 상태다. 뇌에서 도파민을 비롯한 수많은 물질이 분비되며 상대를 보며 설레는데, 이건 그냥 느낌만 그런 게 아니다. 실제로도 몸의 심박 수와 체온이 증가한다. 서로에게 무심해지는 연애 권태기도 뇌 과학적으로 미리 예측을 해 보자면 이런 물질들의 분비가 줄어드는 1년 6개월이 기준이다. 그러나 우리는 연애를 이렇게 몸의 변화 내지는 과학으로만 이해하지 않는다. 오히려 과학은 철저히 외면한 채 사랑이 처음의 온도보다 점점 식어 가는 것을 슬퍼하거나 혹은 상대의 마음이 변했다고 생각한다.

다시 트러블 메이커의 노래 제목으로 돌아가자. 사랑을 하다 보면 때로는 마치 내일은 이 세상에 존재하지 않을 것처럼 서로에게 푹 빠지는 순간을 경험하기도 한다. 그러나 그건, 연애라는 긴 이야기를 펼쳐 놓고 보자면, 어디까지나 찰나의 감정에 불과하다.

☆매일 우리에게 내일은 없는 것처럼 사랑할 수는 없다. 오늘 사랑한다는 것은 오늘만 사랑하겠다는 얘기가 아니라 내

일도 사랑하겠다는 이야기다. 오늘은 너를 죽도록 사랑하지만 내일이면 나는 모르겠다고 말하는 사람은 아마 바람둥이를 빼고는 좀처럼 없을 것이다. 그런 만큼 사랑은 내일을 기약하고 약속한다. 굳이 말로 하지 않아도 오늘 이 사랑이 내일이면 떠나갈지도 모른다는 불안감을 느끼지 않아야 사랑이다.

그러나 이런 자연스러운 변화를 받아들이지 못할 때도 있다. 내 마음과는 다른 속도로 움직이는 상대를 변했다고 비난하거나 이제 더 이상 우리의 사랑은 예전과 같지 않다고 슬퍼한다.

좀 더 차분하게 생각을 해 보면 이런 변화는 당연한 것이다. 사람이 언제나 처음 마음과 같을 수는 없다. 우리는 바위덩어리가 아니라 유기적 동물이다. 마음은 움직이기도 하고 여기에서 저기로 옮겨 갈 수도 있다. 그런 움직임과 변화들이 다 나쁜 것은 아니다. 한 번 생겨난 마음이 사라지지도 줄어들지도 않는다면 사랑뿐 아니라 미움 역시 절대 사라지지 않을 것이며 시간이 아무리 흘러도 잊거나 용서를 하는 것은 불가능한 일일 수도 있다.

연애의 온도는 변하기 마련이다

사랑은 여러 가지 단계를 거친다. 처음 시작할 때에는 상대를 생각하는 것만으로도 가슴이 터질 것 같다. 하지만 시간이 지남에 따라 이런 마음은 조금씩 변화를 겪게 된다. 비교적 연애 안정기에 들어서면서부터는 상대에게 얼마나 반해 있는가보다는 서로의 인성과 성격이 관계의 지속성에 있어 더 큰 몫을 한다.

우리가 변하는 것은 내일이 있기 때문이다. 오늘만 사랑하고 끝난다면 변할 이유도 그럴 틈도 없을 것이다.

☆ 어제와 오늘, 내일이 세트로 묶이면 일상이 된다. 이 일상을 함께하는 사랑은 더 이상 순간의 감정만을 최우선으로 놓을 수는 없다. 그렇기 때문에 우리는 뜨거움에서 서서히 따뜻함 정도로 옮겨 간다. 더 이상 뜨겁지 않음은 상대를 사랑하지 않아서가 아니라 오히려 상대와의 좋은 관계를 더 오래 지속하기 위해서다. 사랑으로 인한 변화를 최소화 해야만 우리는 일상 속에서 사랑하는 것이 가능하다.

연애를 하는 사람들에게 너무 빨리 연애를 시작하는 것 아니냐는 말은 좀처럼 하지 않는다. 하지만 결혼하는 사람들에게는 만난 지 석 달 만에 결혼을 하게 되었다고 하면 3개월이라는 짧은 시간 안에 결혼을 할 만큼 서로를 깊이 사랑하는구나 하지 않는다. 오히려 조금 더 만나 보고 결혼을 결정해도 늦지 않다고 말한다. 석 달이라면 아직 이성의 지배보다는 감성의 지배를 더 받는 시기인데 그때 인생의 큰 결정을 했다가는 후회하게 될 확률이 훨씬 높아지기 때문이다.

뜨겁지 않다고 사랑이 식은 건 아니다

어쩌면 당신에게 연애란 서로에게 미쳐 있는 시간 동안만을 말하는 것은 아닌지 생각해 보길 바란다.

시간이 지나면 사랑이 더 이상 활활 타오를 수만은 없다는 걸 머리로는 알고 있지만 마음으로는 받아들일 준비가 전혀 되어 있지 않다. 그래서 사랑만 했다 하면 자꾸 불안하다. 이 사랑이 언제 미지근해질지 알 수 없기 때문이다.

☆사랑하는 상태 자체에 중독이 된 사람들은 상대보다는 누군가를 사랑하고 있는 자신을 더 사랑한다. 물론 아무하고나 사랑하지는 않겠지만 나를 순간이나마 행복하게 해 줄 수 있다면, 사랑하는 기분을 느끼게 해 준다면 상대가 누구든 별 문제가 되지 않는다. 내가 사랑할 만한 가치가 있는 사람을 찾는 게 아니라 나에게 다시 사랑이라는 감정을 느끼게 해 줄 수 있는 사람을 찾는다. 그러다 보니 연애 공백기를 견딜 수가 없다. 예전 사랑을 잊기 위해서가 아니라 또다시 그런 사랑을 어서 빨리 맛보고 싶어서 한 연애가 끝나면 마음의 정리가 다 되기도 전에 다른 사람을 만나서 사랑에 빠질 날만 기다린다. 그렇다면 이건 진짜 사랑일까? 적어도 내가 보기에는 아니다.

사랑은 어떤 상대를 만나느냐에 따라 조금씩 다 다른 모습으로 나타난다. 하지만 이런 사랑을 하는 사람에게는 사랑은 늘 같은 모습이다. 서로에게 반하고 정신없이 빠져들어서 일종의 트랜스 상태가 되는 것. 그러나 조금이라도 사랑이 식어 간다고 느끼면 먼저 이별을 선언한다. 왜냐면 더 이상 뜨거운 상태를 유지할 수 없다면 이 사랑은 나에게 더 이상 쓸모가 없기 때문이다.

상대를 사랑하는 것보다 사랑에 빠진 내 모습을 더 사랑하기 때문에 나를 완전히 미치게 해 주지 않는다면 그 어떤 사람도 의미가 없다.

내일이 없는 연애는 위험하다. 설사 내일은 사랑의 온도가 지금보다 조금은 더 낮아져 있을지도 모른다. 하지만 그러면 좀 어떤가? 오늘 다 타서 재가 되어야 하는 것은 아니다.

내일도 나를 사랑해 줄 거냐고 묻는 대신 "내일도 너를 사랑할게"라고 해 줄 수 있는 사랑. 이것도 사랑의 한 방법이다.

여전히
연애가 두려운
그대들에게

chapter 04

연애 공백기를
보내는 방법

DATE ▨▨▨▨▨▨▨▨▨▨▨

난이도 ○○○○○

복습횟수 □ □ □

핵심 키워드
**연애 공백기,
새로운 만남**

틀린 이유
□ 주변 상황
□ 상대방 문제
□ 내 문제
□ 의견 차이
□ 성격 차이
□ 오해
□ 타이밍
□ 기타 (　　　)

Question

　　헤어진 지 6개월이 지났습니다. 아직 새로운 사랑을 만나지는 못했지만 이젠 마음의 준비가 된 것 같아요. 처음에는 헤어진 사랑 때문에 슬프기만 했지만 어느새 새로운 사랑을 하고 싶다는 생각이 들어요. 이제 새로운 사랑을 시작해도 될까요?

KeyPoint

　✓ 이제는 새로운 만남을 시작하고 싶다!
　✓ 언제쯤 새로운 연애를 시작하는 게 적당할까?

연애를 했다면 누구나 헤어질 수 있다. 하지만 헤어짐은 예고된 게 아닐 수도 있으므로 우리는 혼란을 겪기도 한다. 처음에는 이별 자체를 부정하게 된다. 말만 그렇게 했을 뿐 우리는 다시 만나 사랑할 거라고 말이다. 하지만 시간이 지남에 따라 점차 이 가능성은 줄어들고 마침내 정말로 헤어졌다는 사실이 명료해지는 순간이 온다. 상대의 부재 또한 내가 견뎌야 할 것 중 하나다.

그러나 세상의 모든 일이 그렇듯 이별도 언젠가는 견딜 만한 것이 된다. 시간이 약이라는 말처럼 시간이 지나면 이별이 주는 모든 슬픔으로부터 어느 정도는 벗어나 있는 자신을 발견하게 된다.

연애 공백기, 새로운 사랑을 준비하는 시간

자 그런데 한 가지 의문이 생기지 않는가? 과연 연인과 이별을 한 후와 연애 공백기는 같은 것일까, 아니면 다른 것일까?

두 가지가 서로 비슷해 보이지만 충분히 구분이 가능한, 엄연히 다른 이야기다. 이별 후는 말 그대로 연인과 헤어진 후를 뜻하며 위에서 나열한 일종의 이전 사랑에 대한 애도의 감정들을 느끼는 시간들이다. 이 단계가 지나야 비로소 연애 공백기에 접어든

다. 그렇다면 연애 공백기는 뭘까?

연애 공백기는 일단 이별을 하고 그 이별을 어느 정도는 극복했을 때 찾아온다. 아직까지 떠난 사람 때문에 마음이 찢어질 것처럼 아프다면 그건 공백기가 아니라 아직 이별 후에 속한다. 연애 공백기는 지난 사랑을 완전히 잊은 것은 아니지만 그래도 과거보다는 미래에 더 무게 중심을 둘 수 있는 시기다. 즉 새로운 사랑을 만날 준비를 하는 기간 정도로 보면 적당할 것이다.

많은 사람들이 연애 공백기를 힘들어한다. 이별에 대한 아픔이 어느 정도 정리됐음에도 불구하고 어째서 다음 사랑을 준비하는 이 단계에서 힘이 드는 것인지 언뜻 이해가 잘 가지 않을 수도 있다. 역설적으로 말하자면 연애 공백기가 힘들다는 것은 다음 사랑을 할 수 있는 마음의 준비가 어느 정도는 되었다는 것을 뜻한다.

☆연애 공백기가 힘든 것은 지난 사랑을 못 잊어서가 아니라 앞으로 다가올 미래에 대한 일종의 두려움 때문이다. 이렇게 공백기를 오래 보내다가 영영 연애를 못하는 것은 아닌지, 또 이별 후 꽤 오랜 기간 혼자였다는 것 역시 걱정거리 중 하나다. 다시 사람을 만나기에는 나의 연애 감각이 영 사라져 버린 것은 아닐까 걱정도 되고 다시 새로운 사랑을 할 누군가는 대체 언제쯤 나타날 것인지 조급해지기도 한다.

이별이야 이미 일어난 사실을 받아들이고 견디는 것만 하면 되지만 연애 공백기에 겪는 우울한 기분은 그 실체가 명확하게 존재하지 않는다. 세상은 나만 빼고 모두 연애를 하는 것 같고 나 혼자 남겨진 것 같은 기분. 거기다 더 큰 문제는 이별의 아픔만 잘 극복해 내고 나면 좋은 사람을 얼마든지 만날 수 있다고 믿었는데 막상 그럴 준비가 되었음에도 불구하고 좀처럼 좋은 사람은 눈에 띄지 않는다는 것. 다시 사랑할 수 있고 없고는 내 마음의 문제라고만 여겼었는데 지금은 그게 아니라 사람이 없어 연애를 하지 못하게 될 수도 있겠구나 하는 생각이 든다.

연애 공백기가 꼭 쓸데없는 고통의 시간은 절대로 아니다. 누군가와 헤어진 후, 다음 사랑을 그 어떤 색도 칠해져 있지 않은 하얀 도화지에서 새로 시작하기 위해서는 이별의 아픔뿐 아니라 연애 공백기도 거쳐야 한다. 상대를 잊었고 이별의 아픔을 상당 부분 극복했다고 해서, 그게 다음 사랑을 하기 위해 충분한 상태가 되었음을 의미하지는 않는다. 그건 어디까지나 지난 사랑을 정리하기 위한 시간이었지 새로 다가올 사랑에 대한 준비라고 할 수는 없다. 하지만 연애 공백기는 아니다. 다음 사랑을 기다릴 여유가 비로소 생기는 시기라고 할 수 있다.

지난 사랑에 빚지지 마라

그럼 연애 공백기를 우리는 어떻게 보내야 할까? 지난번의 남자가 이랬으니까 이런 사람은 절대로 안 만나겠다든지 반대로 예전의 그와 잊히지 않는 것들이 있기 때문에 다른 건 몰라도 그런 부분만큼은 많이 비슷한 사람을 만나고 싶다든가 하는 거의 모든 생각들을 말끔하게 비우는 게 좋다. 물론 지난 사랑에서 배울 점이 영 없는 것은 아니겠지만 그것이 일종의 선입견으로 자리 잡아 새로운 연애를 방해하게 두지는 말라는 얘기다.

☆ 당신이 이제부터 하게 될 사랑은 새로운 이야기이지 지난 사랑에 뒤이어 쓰는 이야기가 아니다. 즉 이전에 당신이 무엇을 경험했든 무엇을 알게 되었든 그걸 바탕으로 깔고 가는 연애는 온전히 새롭게 하는 연애라고 볼 수 없다. 지난 사랑에 대해 거의 아무것도 빚지거나 또는 의지해서 안 된다. 비록 당신이라는 사람 자체는 변하지 않았을지도 모르겠지만 당신이 만나게 될 남자는 지난 사랑과 아무런 상관이 없는 완전히 새로운 사람이다.

무엇보다 연애 공백기에 피해야 할 것은 조급한 마음을 갖거나 아예 포기를 해 버리는 것이다. 어떻게든 연애 공백기를 줄이려고 애쓰기보다는 그동안 연애하느라 또 헤어지느라 많이 힘들었을 나 자신을 누구보다 많이 위로해 주고 다른 것들이 1순위가 되어 정작 나 자신에게는 소홀했던 시간들을 스스로에게 보상해 주어야 한다.

연애 준비라는 것은 상대를 사랑할 준비가 되었는가와 동시에 누군가의 사랑을 잘 받을 준비도 되었는지, 이 두 가지가 고루 갖추어졌는지를 살펴보아야 한다. 이별의 후폭풍은 지나갔지만 새로운 사랑은 시작점조차 보이지 않는 이 시간이 지금 당신에게는 마치 안개가 낀 것처럼 답답하게만 느껴지겠지만 단 한 가지 확실한 것은 언젠가는 이 안개가 모두 걷히는 날이 틀림없이 온다는 것이다.

마침내 새로운 사랑이 찾아온다면 당신은 이전의 사랑에 아무런 부채의식도 가지지 말고 새롭게 다시 사랑을 시작하길 바란다. ☆사랑은 영원하지 않다. 그래서 사랑은 가기도 하고 또 오기도 하는 것이다.

연애 공백기를 잘 보내는 방법은 여태까지의 사랑을 아름답게 보내 주고 그동안 여러 가지 이유들로 하지 못했던 것들을 하면서 다시 다가올 사랑을 할 준비를 하는 시간이라고 생각하면 정답에 가까울 것이다. 연애를 하기에 가장 적당한 시기는 외로울 때가 아니라 혼자서도 충분히 행복할 때이며 이건 연애 공백기를 어떻게 보냈느냐에 따라 달려 있다.

다시 누군가를
만나는 게 귀찮은 당신

DATE

난이도 ○○○○○

복습횟수 □ □ □

핵심 키워드

**연애 세포,
휴식기**

틀린 이유

□ 주변 상황
□ 상대방 문제
□ 내 문제
□ 의견 차이
□ 성격 차이
□ 오해
□ 타이밍
□ 기타 (   )

Question

연애를 하지 않은 지 거의 3년이 다 되어 가고 있습니다. 그런데 다시 누굴 만나서 처음부터 시작한다는 게 그저 부담스럽기만 합니다. 연애를 하지 않는다고 해서 사회에서 낙오자가 되는 것도 아닌데 굳이 연애를 해야 할 필요가 있을까 싶어요. 연애, 꼭 해야 하는 걸까요?

KeyPoint

✓ 연애, 꼭 해야만 하는 걸까?
✓ 이젠 연애가 귀찮기만 하다.

　　연애를 하지 않는 많은 사람들이 이제는 더 이상 새로운 누군가를 만나서 연애를 하는 것이 너무 번거롭게 느껴진다고 말한다. 오래 연애를 쉬다 보면 연애란 그저 귀찮은 일로만 느껴지기 쉽다. 그래서 처음부터 다시 모든 걸 시작해야 한다는 부담감이 어깨를 짓누른다. 이런 부담감은 이들이 연애를 하지 않는 가장 큰 이유기도 하다.

　사실 연애는 번거로운 일이 맞다. 나와 마음이 맞는 누군가를 찾아 나서야 하고 설사 찾았다 하더라도 연애로 이어지기까지는 수많은 난관이 기다리고 있다. 그냥 썸만 타다가 끝이 나지 않으려면 적절한 시기에 상대를 당길 줄도 알아야 하고 너무 당겼다 싶을 때는 살짝 밀어 주기도 해야 한다. 거기다 내 마음만 챙기면 되는 게 아니라 상대의 마음까지 모두 헤아려야 하는 등 신경 쓸 것이 한두 가지가 아니다.

　연애를 오래 쉬다가 보니 이런 모든 과정 자체가 이제는 귀찮고 힘든 일이 되어 버렸다. 이렇게까지 번거로운 연애를 한다고 해서 대체 나에게 무슨 도움이 될 것인가 하는 생각이 들기도 한다.

　실제로 내 주변의 많은 사람들이 연애에 대해 이런 생각을 갖고 있다. 그래서 그들의 연애 휴지기는 점점 길어지기만 한다. 휴지기가 길어지다 보니 연애에 대한 감도 당연히 떨어진다. 그러다 보니 줄어든 연애 감각을 살려 다시 연애를 할 엄두가 나질 않는 것이다.

어쩌면 이런 현상은 요즘 TV만 틀었다 하면 나오는 각종 연애 프로그램 때문인지도 모른다. 그들은 세상의 온갖 연애를 다루지만 그중에서도 특히 불행한(?) 연애들만 다루기 때문에 그런 프로그램을 보다가 보면 '그래 저렇게 힘든 연애를 하느니 차라리 혼자가 편하지' 같은 생각이 들 수도 있을 것이다. 하지만 연애가 꼭 그렇게 힘들고 귀찮은 일이기만 할까? 아니다. 연애가 조금 번거롭긴 하지만 그렇다고 해서 마냥 쓸데없이 귀찮기만 한 일은 아니다.

연애, 미루지 말고 당장 시작하자

이런 생각을 한 번 해 보길 바란다. 당신의 어제와 오늘 그리고 내일을 뒤섞어 놓으면 당신은 그걸 구분할 수 있을까? 아마 직장인들이라면 그 중간에 공휴일이 끼지 않은 한 어제가 오늘 같고 내일도 오늘 같은 그런 시간들을 보낼 것이다. 어느 정도 안정을 찾고 난 다음부터는 끊임없이 반복되는 어제 같은 오늘, 그리고 오늘 같은 내일이 있을 뿐이다. 그런 우리의 삶을 가장 드라마틱하게 바꿀 수 있는 일이 있는데, 바로 연애다.

★지금 당신의 연애 세포가 메말라 있다면 오래전 연애

들 했을 때의 기쁨을 다시 한 번 떠올려 보길 바란다. 누군 가가 눈에 들어오기 시작하고 마침 그 사람도 내 마음과 같다는 것을 알았을 때 세상을 다 얻은 것 같은 기쁨 말이다.

영화 〈500일의 썸머〉를 보면 연애를 시작한 주인공이 아침에 출근을 할 때 평소와 똑같은 길을 가는데도 마치 새로 태어난 것처럼 축제를 하는 것마냥 그려지는 장면이 있다. 연애란 바로 그런 것이다. 물론 연애를 하면서 늘 좋은 일만 있을 수는 없겠지만 적어도 연애의 초기에 당신이 느낄 수 있는 기쁨은 지금 아무것도 하지 않으면서 혼자 지낼 때보다 훨씬 더 크다는 것은 분명한 사실이다.

우리는 많은 일을 귀찮다는 이유로 하지 않는다. 내일로 미룰 수 있을 때까지 미루거나 혹은 지금 당장 하지 않으면 큰일이 나지 않는 한 하지 않아도 무관하다고 생각한다. 그런데 그렇게 시간을 보내다 보면 결국 아무것도 하지 못하게 된다. 연애도 마찬가지다.

여태까지 연애를 하면서 별다른 연애 없더라, 연애는 다 거기서 거기라는 생각 역시 당신의 연애를 더욱 귀찮게만 만드는 요소다. 그러나 똑같은 내가 한다 하더라도 연애가 모두 한 가지의 모습을 하고 있는 것은 아니다. 연애는 상대적이다. 똑같은 조건, 똑같은 상황에서 연애를 한다 하더라도 상대가 누구냐에 따라 그 연애는 완전히 다른 이야기가 될 수 있다.

☆지금 당신이 해야 할 가장 중요한 일이 있다면 그건 바로 매일 비슷하게 반복되는 삶 속에서 당신이 가장 빠르고 드라마틱하게 행복해질 수 있는 연애를 하는 일이다. 귀찮다고 아무것도 하지 않는다면 결국 연애도 사랑도 당신과는 거리가 먼 이야기가 될 수밖에 없다.

하나의 연애가 끝나고 어느 정도 휴식기를 가졌다면 이제 다시 연애에 대해 가능성을 열어 두자. 어떤 방법이 되었든 또는 어떤 경로를 통해서든 당신에게 열려 있는 연애라는 기회의 문을 단지 귀찮고 번거롭다는 이유로 걸어 잠그지 않길 바란다.

연애는 누구나 반드시 해야 하는 건 아니지만 연애를 하면 그만큼 삶이 풍요로워지는 건 아무도 부인할 수 없는 사실이다. 다만 당신이 어떻게 마음을 먹는가에 달린 문제다. 귀찮아서 연애를 하지 않겠다고 생각한다면 아마 거의 모든 일들도 다 그렇게 귀찮아서 미루게 될 것이다.

연애, 이제 미루지 말고 당장 시작하자. 물론 사람이 나타나야 가능하지만 그 전에 내 마음가짐부터 바꿔 보자. 연애는 귀찮고 힘들고 번거로운 일이라는 생각에서부터 벗어나는 것이 연애의 첫 출발이다.

고백을 받으면
마음이 식어 버린다

DATE ▨▨▨▨▨▨▨▨

난이도 ○ ○ ○ ○ ○

복습횟수 ☐ ☐ ☐

핵심 키워드
고백,
자신감

틀린 이유
☐ 주변 상황
☐ 상대방 문제
☐ 내 문제
☐ 의견 차이
☐ 성격 차이
☐ 오해
☐ 타이밍
☐ 기타 (   )

Question

저는 제가 마음에 들어 하던 사람이라도 막상 그 사람이 제게 '사귀자'거나 '좋아한다'고 고백하면 마음이 식어 버립니다. 관심 있던 상대에게 고백을 받으면 오히려 관심이 사라져 버리는 이런 나, 연애 세포가 아예 죽어 버린 걸까요? 전 어떻게 해야 할까요?

KeyPoint
✓ 고백을 받긴 했는데, 전혀 기쁘지 않다.
✓ 고백만 받으면 시큰둥해지는 나, 왜 이러는 걸까?

솔직히 말하자면 이건 내가 몇 년 전에 겪었던 증상이었다. 분명히 그 사람이 고백을 하기 전에는 나도 관심이 있었는데 이상하게도 내게 고백하는 그 순간부터 그 남자가 가졌던 모든 매력이 다 반감되는 것 같았다. 만나서 몇 번 데이트를 해도 마찬가지였다. 더 이상 그 사람에게서 매력을 발견할 수가 없었다. 그가 하는 모든 말과 행동이 다 시시하게 느껴졌다.

그때 나는 혹시 내 연애 세포가 바짝 말라 버린 것은 아닌가 걱정했다. 하지만 연애 세포가 마른 것은 아니었다. 분명 상대가 고백하기 전까지는 나 역시 관심이 있었으니까. 그렇다면 문제는 다른 것에 있지 않을까 생각했다.

나는 나를 믿지 못하게 되어 버렸다

조금 더 시간을 거슬러 올라가기로 하자. 이십대 중반에 나는 정말 힘겨운 연애를 했다. 같은 직장 동료였던 그 사람은 연애를 하기 전에는 누가 봐도 좋은 남자였다. 친절하고 다정한 성격에 누가 회사에서 차별을 당하거나 속상한 일이 생기면 늘 그 사람을 감싸 주었다. 상사들은 두말 할 것도 없고 동료 직원 모두가 깊이 신뢰하는 그런 사람이었다.

처음 우리의 연애는 마치 구름 위를 걷는 것 같았다. 모두에게 흠모의 대상이 되는 이 남자가 나를 선택했다는 사실이 믿을 수가 없었다. 그런데 모든 연애가 그렇듯 우리에게도 언젠가는 헤어지는 날이 오고야 말았다.

그때, 처음으로 남자와 헤어져서 잠도 못 자고 밥도 제대로 먹지 못했다. 다행스럽게도 그는 다른 회사로 옮겼기 때문에 회사에서 마주쳐야 하는 최악의 상황은 피하게 되었지만 그래도 모두가 다 알도록 떠들썩하게 한 사내 연애였기에 내 괴로움과 아픔은 조금도 감춰지지가 않았다.

그 이후부터 증상이 시작되었다. 내가 마음에 들어 했다가도 그 사람 역시 나와 같은 마음이라는 것을 알게 되면 그만 마음이 식어 버리는 것이다.

나는 이유가 뭘까 깊이 고민을 했었다. 하지만 아무리 생각해도 지난 사랑이 좀 힘들었다는 것 빼고는 답을 찾아낼 수가 없었다. 힘든 사랑을 하고 헤어진 애야 주변에 수도 없이 많고 그런 사람들도 모두 다른 사람을 만나면 잘만 연애를 했다.

그러다 어느 날 문득 섬광처럼 지나간 생각이 있었다. 내 눈이 틀렸을 거라는 착각. 바로 그거였다. 저렇게 괜찮은 남자가 나를 좋아할 리가 없으며, 만약 그렇다면 그는 나를 오해하고 있거나 혹은 나를 이용하려 한다는 생각이 들었다. 전에 사귀었던 남자가 나를 오해하거나 이용하지는 않았지만 그는 결국 내게 좋은 남자는 아니었으므로 난 내 눈을 믿을 수가 없었던 것이다.

떨어진 자신감을 끌어올리는 방법

당시의 나는 지난 사랑의 상처를 제대로 수습하지 못해서 자신감이 거의 바닥에 떨어져 있었고 내 선택에 대한 믿음도 확신도 없었다. 그래서 설사 마음에 두고 있었던 남자가 고백을 한다 하더라도 '저렇게 괜찮은 남자가 날 좋아할 리 없어'와 동시에 '겉은 저렇게 멀쩡하지만 저 사람은 반드시 문제가 있을 거야 그러니 나랑 사귀자고 하는 거지'라는 마음이 들었다. 이건 상대를 못 믿는 것이 아니라 나 자신을 믿지 못하는 것이다.

정말 괜찮은 사람이라면 굳이 나와 사귈 리 없다며 자신의 느낌에 끊임없이 의심을 하게 된다. 그래서 그 사람의 조그만 단점만 발견되어도 내 이럴 줄 알았다는 생각이 든다. 아이러니하게도 상대가 괜찮은 남자로 남으려면 내게 고백을 하지 않아야 한다. 고백을 하는 그 순간 그는 나를 선택할 정도로 어리석거나 모자라는 사람이 되어 버리는 것이다.

이런 증상은 주로 사랑에 크게 한 번 실패한 이후 나타나는데 사람에 따라 잠깐 나타났다가 사라지는 경우도 있고 꽤 길게 가는 경우도 있다.

한 가지 분명한 것은 상대에게는 아무 문제가 없다는 것이다. 문제가 있다면 지난 사랑에 대한 상처 때문에 자존감이 바닥으로 추락한 자신에게 있다. 그 생각은 꼬리에 꼬리를 물어서 내가 하는 모든 선택들에 다 자신이 없어진다. 그래서 시작하기도 전에 시들해져 버리는 것이다. 신도 아니면서 자신의 선택에 대한 결말을 이미 마음속으로 다 결정을 해 놓고 있는 셈이다.

이런 사람에게는 아무리 완벽한 남자가 대시를 한다 하더라도 그걸 행운으로 받아들이기보다는 저런 남자가 나에게 대시를 하는 것에는 뭔가 불순한 의도가 있다고 생각한다. 만약 이 고비를 넘기고 어찌어찌 사귄다 하더라도 상대가 조금만 실수를 해도 '역시, 그러면 그렇지'가 되어 버린다. 이건 상대에 대한 실망감이 아니라 내 못난 마음에서 나온 생각을 다시 한 번 확인사살 하는 것밖에는 되지 않지만 한 번 떨어진 자신감을 올리기 전까지는 계속해서 이런 악순환이 반복될 뿐이다.

☆떨어진 자신감을 회복하는 방법은 단 한 가지뿐이다. 타인에게서 내 믿음을 확인 받으려 하지 말고 내가 내 자신을 믿어 주는 것이다. 세상 사람 모두가 나를 믿어도 내가 나를 믿지 않는다면 지옥도 그런 지옥이 없다.

연애를 하면서 상대의 안 좋은 점을 보게 되면 내 선택이 틀렸다고 생각하지 말고 그냥 나와 다르다고 생각하는 것이 가장 좋다. 흔히 사람들이 착각하는 것이 나와 다르면 그걸 틀렸다고 생각한다는 것이다. 하지만 연애는 똑같은 성향의 사람들이 만나 같은 생각을 하고 같은 곳을 바라보며 걷는 것이 아니다. 전혀 다른 환경에서 살아온 사람들이 만나서 서로를 위해 맞춰 가고 서로가 바라보는 것을 지지해 주는 일이다.

고백을 있는 그대로 받아들이자

한 가지만 명심하자. 그가 당신에게 고백을 하는 이유는 당신을 사귀고 싶어서이지 당신이 만만해서도, 또 당신을 이용하기 위해서도 아니다. 물론 세상에는 그런 나쁜 남자도 있지만 극히 일부다.

그들도 우리처럼 사랑하기 위해 연애를 한다. 무언가 다른 일에 의해 피해의식을 가지고 있는 사람들은 다른 사람들도 모두 겪을 수 있는 일을 자기가 못나서 혹은 자신만 겪는 일이라고 생각한다. 그러나 절대 그렇지 않다. 사람을 사귀어 보기도 전에 너무 먼 미래까지 생각하지 말자. ☆연애는 열이면 열 모두가 뻔한 이야기에서 또 다른 새로운 이야기와 사연이 시작되는 것이다. 그래서 어떤 의미에서 보자면 세상에 뻔한 연애는 없는 건지도 모른다. 그러니 이제는 고백을 받았다면 있는 그대로 받아들이기 위해 노력해 보자.

그 사람은 나에게 먼저 용기를 낸 사람일 뿐이다. 무언가 일이 잘못되어 가고 있는 것은 아니다. 오히려 누가 고백을 해도 믿지 못하고 계속 혼자 있는 상황이 최악의 상황이라는 걸 명심하자.

나는 왜 '썸'만 타다 끝날까?

DATE ▮▮▮▮▮▮▮▮▮▮▮

난이도 ○ ○ ○ ○ ○

복습횟수 □ □ □

핵심 키워드
썸씽

틀린 이유
□ 주변 상황
□ 상대방 문제
□ 내 문제
□ 의견 차이
□ 성격 차이
□ 오해
□ 타이밍
□ 기타 (   )

Question

　　　　　이상하게 저는 늘 썸만 탑니다. 마음에 드는 남자도 있고, 상대도 나를 마음에 들어 하는 것 같아서 썸을 타다가 보면 그냥 썸을 타는 것에서만 끝나고 말아요. 제가 문제인지, 아니면 상대가 문제인지, 그것도 아니면 우리가 연애를 할 정도의 인연은 아닌 걸까요?

KeyPoint
　　√ '썸'만 타고 연애로는 이어지지 않는다.
　　√ 왜 나는 썸으로 끝나는 걸까?

우선 '썸을 타다'라는 말의 정확한 의미를 짚고 넘어가야 할 것 같다. 썸을 탄다는 것은 사귀기 전에 친해지기 시작하는 단계이자 서로를 향해 탐색전을 벌이는, 즉 연인으로 발전하기 바로 직전 단계라고 볼 수 있다(썸은 썸씽(something)의 줄임말이다).

모든 사람들이 다 똑같지는 않겠지만 누군가와 연인이 되기 위해 제일 중요한 것은 상대를 향한 내 마음이 어떤지에 관한 것이다. 그다음으로는 그도 내게 호감이 있음을 확인하는 것인데 이 과정의 바로 다음에는 썸을 타게 된다.

그런데 간혹 보면 썸만 타다가 끝나는 경우가 있다. 즉 사귈 것 같은 냄새만 폴폴 풍기다가 마는 것인데, 이는 결국 메인 요리는 나오지도 않고 애피타이저만 먹고 끝나는 것이나 마찬가지다. 그렇다면 썸까지 타기 시작했는데 뭐가 문제라서 본 코스인 연애까지 가지 못하고 그냥 흐지부지 끝나는 걸까?

너무 들이대는 것은 금물

썸을 타기 시작 했을 때가 나도 상대방도 심장이 가장 쫄깃해지는 단계다. 사실 뭔가가 막상 시작될 때보다 시작되기 바로 직전이 제일 설레는 법이다. 롤러코스터도 막상 출발을 하면 별것 아니지만 출발하기 전 안전 바가 내려올 때가 가장 두근거리는 것처럼 말이다.

그럼 이 과정에서 대체 무슨 일이 벌어지기에 사귀는 단계로 가지 못하는 걸까? 두 가지 경우를 생각해 볼 수 있다. 첫 번째 너무 앞서 가는 경우, 두 번째는 반대로 너무 몸을 사리는 것이다.

먼저 첫 번째 너무 앞서 가는 경우를 살펴보자. 내가 아는 방송 작가 중 한 명은 늘 썸을 타는 남자가 있다. 그런데 이상하게도 누군가와 사귀게 되었다는 말은 한 번도 들은 적이 없다. 어느 날 녹화가 끝나고 작가들과 함께 식사를 하게 되었는데 그때 이 썸만 타는 작가에게 연애 상담을 해 주게 되었다. 그 작가의 말을 찬찬히 들어보니 그녀는 항상 너무 앞서 가는 게 탈이었다.

썸을 타는 과정에서는 사귈 때보다 더 밀당이 필요한 법인데 그녀는 마치 자신이 N극이고 상대가 S극인 양 강하게 당기기만 했다. 아직 썸만 타는 단계인데도 불구하고 그녀는 남자에게 '만약 우리가 사귄다면'으로 시작되는 말을 수도 없이 했다. 처음에는 다소 적극적인 그녀의 태도에 관심을 보이던 남자도 계속해서 여자가 이런 식으로 나오자 너무 들이댄다는 인상을 받은 것. 심지어 그녀는 자신의 지난 연애사를 이야기하며 이 남자와는 이래서 끝났고 저 남자는 이런 게 문제였고 등의 이야기까지 해 버렸다. 이건 마치 영화 예고편이 맛보기용이라는 본분을 잊은 채 영화의 결말까지 알려 주는 것과 다름없었다.

사귀면서 하나하나 알아 가도 되는 부분까지 미리 다 알려 주고 심지어는 자신의 지난 연애에 대한 분석과 비판까지 하니 남자로서는 부담스러울 수밖에. 사귀기도 전에 아, 이 여자와 하는 연애는 몹시 피곤하겠구나 하는 느낌을 주게 된 것이다. 그래서 그녀에게 현재 썸을 타고 있는 남자에게 연애와 관련된 이야기가 아닌 다른 얘기를 더 많이 하라고 했다.

예를 들면 자신의 직업이 방송 작가인 만큼 방송을 하면서 겪었던 재미있는 에피소드라든가 혹은 그녀의 취미인 배낭여행에 대해 이야기한다면 남자 쪽에서 전혀 부담을 느끼지 않을 거라고 조언해 줬다.

대화를 하더라도 혹여 논쟁으로 번질 수 있는 정치나 기타 시사에 관한 문제는 되도록 피해야 한다. 만약 남자가 먼저 그런 이야기를 꺼낸다면 설사 반대 의견을 가졌다 하더라도 '아, 그럴 수도 있군요' 하며 들어줄 수 있는 여유도 가질 수 있어야 한다. 무조건 자신의 의견은 죽이고 상대의 의견에 동조하라는 것은 아니다. 다만 자신과 다른 의견을 가진 사람의 생각도 찬찬히 들어주고 인정할 부분에 대해서는 인정해 줄 수 있는 오픈 마인드를 가진 사람이구나 하는 인상을 주는 것이 중요하다.

썸을 탈 때는 무난해 보이는 것이 가장 좋다. 남자로 하여금 연애를 시작하기도 전에 지레 겁을 먹고 뒷걸음질 치지 않도록 지나치게 자신의 의견을 주장하거나 혹은 연애관에 대해 자세히 이야기할 필요는 없다. 그건 나중에 사귀면서 해도 늦지 않다. 사귀는 사이라면 서로 많이 다른 부분이 있어도 부딪치지 않게 잘 조절할 수 있지만 썸을 타고 있는 기간이라면 나와는 맞지 않는 사람이구나 하고 상대가 먼저 포기해 버릴 수도 있다.

내가 그냥 썸만 타다 끝나는 이유

너무 몸을 사려서 다음 단계로 나가지 못하는 경우도 있다. 강연이 끝난 후 질의응답 시간에 한 여자 분이 질문을 했다. 그녀는 썸을 타는 경우는 많은 것 같은데 정작 연애로 이어지지는 않는다고 했다. 그녀의 이야기를 쭉 들어본 결과 그녀가 지나치게 신중한 타입임을 알 수 있었다. 썸을 타다가 상대가 조금만 적극적으로 나오면 부담스럽다는 게 그녀의 말이었다. 그녀는 자주 전화를 하는 것도 부담스럽고 만나자고 하는 것 역시 마찬가지라며 아직 충분하게 서로를 알지도 못하는데 그런 약속들을 잡는 것은 너무 섣부른 행동이 아니냐고 했다.

그녀의 말을 듣고 있자니 조금 답답한 마음이 들었다. 썸을 타는 것에서 연애로 가기 위한 필수 코스가 서로 자주 연락을 하고 만나는 것인데 그런 과정에서 뒷걸음질 치면 썸은 탈 수 있겠지만 절대 다음 단계인 연애로 진입하지 못한다. 특히 서로를 잘 알지 못하는데 약속을 잡을 수 없다는 말은 주객이 전도된 말이다. 만나는 것 자체가 서로를 잘 알아 가기 위해 필요한 관문이기 때문이다.

썸을 탄다는 것은 상대만 나에게 호감을 표시하는 게 아니라 나 역시 상대에게 호감이 있다는 것을 알리는 과정이다. 이때 너무 몸을 사리게 되면 상대방은 '내가 착각했나?' 하고 마음을 접을 수도 있다. 썸을 탈 때는 이쪽에서도 당신을 만나 연애를 할 마음이 있음을 충분히 어필해야 한다. 처음에는 호감을 표시했다가 조금이라도 상대가 다가온다고 느끼면 몸을 뒤로 빼 버린다면 상대는 자신이 오해했거나 혹은 나에게 이성으로서의 관심은 없다고 생각하게 된다. 이쪽에서도 소극적인데 저쪽마저 소극적으로 만들어 버린다면 어떻게 되겠는가. 그냥 썸만 타다가 끝나는 거다. 썸을 타지 않은 상황에서 일방적으로 고백을 하는 게 아니라면 두 사람 다 어느 정도의 적극성은 가지고 있어야 썸에서 연애로 갈 수 있다.

마지막 한 가지의 경우를 더 생각해 보자. 썸을 타는 것까지는 아무런 문제가 없었는데 이상하게 연애로 연결이 되지 않았다면 상대가 그냥 일종의 '간'을 본 것이거나 아니면 나 이외의 다른 사람과 동시다발로 '썸'을 탔을 경우일 수도 있다. 이런 경우라면 내 쪽에서 아무리 뭔가를 잘한다고 하더라도 연애로 가기는 상당히 어렵다.

이제 당신이 썸만 타다가 뭔가 잘 안 된다면 위의 경우들을 생각해 보길 바란다. 썸은 연애로 가기 위한 가장 기본적인 단계이자 서로에 대한 이성으로서의 호감 정도를 테스트하는 과정이다. 이 과정을 제대로 통과하지 못한다면 썸은 단지 썸으로만 끝난다는 것을 잊지 말자.

내 눈은 왜 이렇게 높은 걸까?

DATE |||||||||||||||

난이도 ○○○○○

복습횟수 □ □ □

핵심 키워드
**연애의 눈높이,
기준**

틀린 이유
□ 주변 상황
□ 상대방 문제
□ 내 문제
□ 의견 차이
□ 성격 차이
□ 오해
□ 타이밍
□ 기타 (   )

Question

전 별로 인정하진 않지만 주변 사람들 말로는 제가 눈이 높다고 합니다. 그래서 그런지 좀처럼 만족스러운 사람을 만나질 못했어요. 어쩌다 연애를 하게 된다 하더라도 결국 실망스럽게 끝나곤 했죠. 그런데 눈이 높다는 게 꼭 나쁜 건가요? 연애를 위해 눈을 낮추어야 하는 걸까요?

KeyPoint

✓ 좀처럼 주변에서 괜찮은 사람을 찾기 어렵다.
✓ 내 눈이 높은 걸까?

눈이 높다는 것은 대체 어떤 의미일까? 그건 아마도 보통의 다른 사람들보다 남자를 보는 '기준'이 까다롭다거나 남다르다는 것을 뜻하는 것일 거다. 아니면 자신의 현재 상태보다 너무 잘난 남자만을 만나려고 한다거나.

우리가 쉽게 말하는 눈이 높다는 것은 거의 후자의 의미인 경우가 대부분이다. 우리가 보는 그 사람은 그렇게까지 대단한 사람이 아닌데 그가 찾는 연인은 이것도 충족이 되어야 하고 저것도 만족스러워야 하는 등, 저렇게 해서 어디 연애나 할 수 있을까 싶을 때 우리는 그 사람에게 눈이 높다고 말을 한다.

나와 그의 대차대조표를 만들자

그렇다면 내 눈은 정말 높은 걸까? 아니면 적당한 걸까? 눈높이를 낮춰야 하건 높여야 하건 간에, 일단 우리의 눈이 정말 높은 것인지부터 조금 객관화해서 살펴볼 필요가 있다. 흔히 내가 권하는 방법 중 하나는 대차대조표를 이용하는 것이다.

먼저 종이를 준비해서 중간에 반으로 선을 긋는다. 왼쪽, 즉 차변에는 내가 절대 포기할 수 없는 남자의 조건들을 적어 보고 오른쪽 대변에는 왼쪽의 조건들이 충족되었다는 가정 하에 포기 가능한 조건들을 적어 본다. 이때 가장 중요한 것은 남의 시선을 생각하는 게 아닌 내 안의 내면의 소리를 들어야 한다는 것이다. 이건 남에게 보여 줄 것이 아니므로 여기서만큼은 그 어떤 유치한 조건과 이상한 것들(?)이 다 들어간다 하더라도 개의치 말자. 설사 내가 남자의 얼굴이 너무 중요해서 그게 절대 포기할 수 없는 조건이라면 남들이 얼굴 뜯어먹고 사는 거 아니라고 말한다 하더라도 그건 왼쪽에 적혀야 하는 조건이 되는 것이다. 당장 하루 만에 다 적겠다는 생각은 하지 말고 며칠 동안 시간이 걸리더라도 신중하게 한 번 적어 보길 바란다. 우리는 이상형에 대해 말로는 많이 했지만 이렇게 종이에 적어서 정확하게 왼쪽과 오른쪽으로 비교 분석을 한 적은 없을 것이다.

이 과정이 끝났다면 다음으로 해야 할 일은 역시 똑같은 방법으로 나의 장점은 왼쪽에 단점이나 모자라는 점 같은 것은 오른쪽에 적어야 한다. 그런데 이때는 아까와 달리 타인의 시선으로 바라봤을 때의 내 장점과 단점이어야 한다. 설사 나는 나의 스펙을 그다지 대단하게 여기지 않는다 하더라도 사람들이 모두 나에게 좋은 스펙을 가지고 있다고 말한다면 그건 장점 쪽으로 분류해야 한다.

이 작업을 모두 거치고 나면 우리는 두 가지 사실을 알게 될 것이다. 좀 더 객관화 된 데이터를 통한 '나'라는 사람, 그리고 이런 내가 원하는 '그'라는, 아직 실체는 없지만 이런 부분은 꼭 충족되었으면 하는 누군가가 조금 더 구체화 되어서 보일 것이다. 그렇다면 이 두 가지 표를 보고 냉정하게 생각을 해 보길 바란다. 과연 나라는 여자는 내가 적은 이상형인 '이런 남자'를 만나도 좋은 사람인지, 혹시 내가 너무 높은 것만을 바라보고 있지는 않은 건지, 또 내 조건에서 도저히 충족되지 못할 것들만 잔뜩 적혀 있는 건 아닌지 말이다.

눈이 높다고 해서 모두 다 나쁜 것은 아니다. 하지만 눈이 높다는 것은 그만큼 가능성이 희박해진다는 것을 의미한다.

한 가지 유의할 점은 너무 조건에만 치중하지는 말아야 한다는 것이다. 사실 종이 위에 적을 수 있는 것 중에서 배제되는 부분이 있다면 감정, 그리고 인간이 만나서 함께 낼 수 있는 시너지 효과 같은 것일 거다. 내가 전혀 생각지도 않았던 사람을 만나서 연애를 잘하는 사람들은 어떻게 그럴 수 있을까? 그건 조건이 아니라 서로 마음이 잘 맞기 때문일 것이다. 연애를 한 사람들 중에서 많은 사람들이 처음에는 별로 마음에 들지 않았다는 말을 한다. 그만큼 우리는 서로가 잘 맞는지 아닌지는 겪어 봐야 아는 일이며 눈이 높다 낮다 하는 것은 어디까지나 조건에 관한 것임을 잊지 말아야 한다.

대차대조표는 내 눈높이를 체크할 수 있는 용도로 쓰이지만 잘만 활용하면 나중에 소개팅이나 미팅을 나가서 사람을 빨리 판단해야 할 때에도 도움이 될 것이다. 만나서 괜찮아지는 부분도 있지만 대개의 경우 절대 이런 남자만큼은 싫다고 적혀 있는 부분에 해당되는 부분이 많은 남자를 만난다면 그리 순탄한 연애를 하기 힘들기 때문이다.

당장 내 눈높이가 너무 높다든가 낮다든가 하는 걸로 너무 고민하지 말길 바란다. 눈높이라는 것은 내가 내 연애에 거는 기대치와도 일맥상통하는 일이다. 연애에 대한 기대치 자체가 아예 낮은 사람이라면 말 그대로 이 남자 저 남자 가리지 않고 만날 수 있을 것이다. 하지만 당신이 원하는 것이 아무나 적당히 만나서 연애를 하는 게 아닌 진짜 내 짝을 만나 제대로 연애하고 사랑하는 것이라면 스스로에게 엄격한 잣대가 있을 것이다. 위에서 말한 대차대조표는 그런 것들을 데이터화해서 좀 더 현실 가능한 무언가로 만들기 위함이며 남들이 말하는 정말로 내 눈이 높은지 아닌지를 객관화해서 보여 줄 것이다.

같은 곳을 바라보는 사람을 선택하라

다음으로 당신이 유의해야 할 것이 하나 더 있다. ☆남자를 선택하는 것에 있어 그 사람의 조건보다 훨씬 중요한 것은 두 사람이 같은 방향을 바라보고 있는가이다. 같은 문제에 있어서도 다른 생각으로 접근을 하는 사람들이라면 당연히 트러블이 생기게 마련이다. 어쩌면 우리가 말하는 '좋은 남자'는 나와의 조건이 잘 맞는 혹은 내 이상형에 가장 가까운 남자가 아니라 같은 문제라 하더라도 전혀 다른 쪽으로 해석을 하는 것이 아닌, 말 그대로 마음이 잘 맞는 남자다. 그러니 이제 당신은 더 이상 내 눈이 높아서 남자가 없는 건지, 왜 세상에 괜찮은 남자는 없는 건지를 고민하기보다는 세상을 보는 시선이 나와 비슷한 남자를 찾는 것이 훨씬 더 현명하고도 빠른 선택일 것이다.

남자를 선택할 때
꼭 봐야 할 것들

06

DATE ||||||||||||||||

난이도 ○ ○ ○ ○ ○

복습횟수 ☐ ☐ ☐

핵심 키워드
**자신감,
자존감,
자존심,
스펙**

틀린 이유
☐ 주변 상황
☐ 상대방 문제
☐ 내 문제
☐ 의견 차이
☐ 성격 차이
☐ 오해
☐ 타이밍
☐ 기타 (   )

Question

　　　　남자를 사귈 때면 항상 느낌이 제일 중요하다 혹은 서로 좋은 사람은 알아 보게 되어 있다는 말을 합니다. 그건 거의 운명이란 얘기죠. 하지만 이런 운명적인 만남들만 있을까요? 만약 조건(꼭 스펙이나 그런 건 아니라 하더라도)을 본다면 어떤 것을 우선적으로 봐야 할까요?

KeyPoint

✓ 어떤 남자가 괜찮은 남자일까?
✓ 지금 내 옆에 있는 남자, 괜찮은 남자일까?

새로운 사람을 만났을 때 우리는 거의 시각적 정보에 의존해 그 사람을 판단한다. 키는 큰지 작은지, 얼굴 생김새는 어떤지, 또 전체적인 분위기는 어떤지 등, 우리가 자각하지도 못할 만큼 빠른 시간인 0.3초 안에 상대의 첫인상에 대한 모든 스캔을 끝낸다. 그다음에는 함께 대화를 나누면서 그 사람의 말투나 행동, 습관과 버릇 등을 볼 수 있게 된다.

그러나 정작 중요한 내면에 대해서는 꽤 오랜 시간이 흘러도 파악하기 힘든 경우가 대부분이다. 사람은 누군가에게 단박에 읽힐 만큼 단순한 존재들이 아니기 때문이다.

나에게 잘해 주는 남자, 내게 최선을 다하는 남자. 물론 중요하다. 하지만 연애 기간이 길어질수록 이런 것들보다 더 중요한 것은 그 사람이 어떤 인성과 인격을 가지고 있느냐 하는 것이다. 설사 두 사람이 서로 다른 곳을 바라본다 하더라도 그것을 인정하고 이해해 줄 수 있는 사람을 만나게 되면 훨씬 더 사랑이 단단해질 수 있기 때문이다.

자 그럼 어떻게 하면 이런 부분들을 좀 더 빨리 파악할 수 있을까?

상대방에게서 자신감, 자존감, 자존심, 이 세 가지를 살펴보면 그나마 연애를 하다 보니 이 사람은 영 아니구나 싶어 후회하는 확률을 최대한 낮출 수 있다.

자신감과 자존감, 그리고 자존심은 어떻게 보면 다 비슷비슷하게 보인다. 또 실제로 이 세 가지는 서로 밀접하게 연결되어 있기도 하다.

자신감? 자존감? 자존심?

먼저 자신감의 사전적 의미를 살펴보도록 하자. 자신감이란 어떤 일에 대해 뜻대로 이루어 낼 수 있다고 스스로의 능력을 믿는 굳센 마음이다. 자신감이 있는 사람은 미래에 대해 비교적 낙관적이다. 자기 스스로를 믿기 때문에 어지간해서는 좌절을 하거나, 무언가를 해 보기도 전에 미리 나는 안 될 거라는 부정적인 생각은 잘 하지 않는다. 이런 사람들은 미래에 대해 낙천적 사고를 갖고 있어서 어떤 어려운 일이 생긴다 하더라도 스스로의 힘으로 잘 헤쳐 나갈 수 있다.

다음으로 자존감은 자기의 품위를 스스로 지키는 힘으로 자신을 믿으며 스스로의 힘으로 생존할 수 있는 능력을 말한다. 이런 사람들은 어려운 일이 생겼을 때 타인의 힘을 빌리기보다는 어떻게든 자신의 힘으로 해결해 나가려는 마음을 가지고 있기 때문에 자생력이 매우 강하다. 이들의 특징은 힘든 일이 생겼을 때 타인에게 의지하기보다는 자기 스스로 해결 방안을 모색하고 그것에 대해 최선을 다한다. 이런 사람과 만나게 되면 문제가 생겨도 그 문제가 나에게까지 전가될 일은 좀처럼 일어나지 않는다.

끝으로, 자존심은 남에게 굽히지 않고 자신의 품위를 스스로 지키려는 마음과 자기 존경을 말하는 것으로 자존심이 강한 사람은 어떤 일을 쉽사리 포기하거나 외부의 압력에 의해 자신의 의견을 굽혀 쉽사리 타협하지 않는다. 자존심은 쉽게 말해 타인에게 보이는 자기 자신의 이미지에 관한 것이고 그 이미지를 지키기 위해 스스로도 어느 정도는 노력을 해야 한다. 흔히 김연아 선수에게 우리는 정신력이 강하다고 말한다. 그녀는 자신감과 자존감, 자존심이 강한 사람이다. 열심히 훈련을 한 덕도 있지만 큰 대회에서 좋은 성적을 거둘 수 있었던 것에는 저 세 가지의 힘이 크다고 볼 수 있다.

연애에 있어 상대의 정신력은 매우 중요하다. 늘 좋고 맑은 날만 있을 수는 없기 때문이다. 때로는 비바람도 몰아치고 태풍이 불어 닥칠 때도 있다. 그럴 때 저 세 가지 중 어느 하나라도 취약한 사람은 시련을 이겨 내지 못함은 물론이고 상대마저도 힘들게 만든다.

자신감과 자존감, 자존심 중 어느 하나도 모자라거나 넘침 없이 균형을 이루고 있는 사람은 타인에게 걱정거리가 되거나 혹은 예상하지 못한 최악의 상황이 닥쳤을 때 도망가거나 피하지 않는다. 흔히 남자들은 일이 생기면 일이 해결될 때까지 별다른 통보도 없이 자신만의 동굴로 들어가 버리는데 이 세 가지의 균형을 갖춘 사람은 아무런 예고도 없이 혼자 잠수를 타서 여자를 힘들게 하지는 않을 것이다.

내 연애 상대는 물론 나에게 좋은 사람이어야 한다. 하지만 그보다 더 우선시 되어야 할 것은 그 사람 자체가 좋은 사람이어야 한다는 것이다. ☆자신을 사랑하지 않거나 스스로를 사랑하는 방법을 모르는 사람은 타인을 사랑하는 방법도 모른다. 사랑도 받아 본 사람, 해 본 사람이 할 줄 아는 것이다. 스스로조차 사랑하지 못하는 사람이라면 연애를 할 때도 무조건 의존적이거나 혹은 자기 마음대로 상대를 휘두르려고 하기 십상이다.

비교적 짧은 연애라면 저런 것들이 크게 중요하지 않을 수도 있다. 하지만 오랜 시간 연애를 한다면 상대의 인성과 인품만큼 중요한 것도 없다. 그리고 거의 모든 인품과 인성은 위에서 말한 저 세 가지에서 출발을 한다.

상대의 외모, 어떤 직업을 가지고 연봉을 얼마나 받느냐 같은 소위 스펙보다 더 중요한 것이 사람 그 자체다. 자신감과 자존감, 자존심이 강한 사람은 지금 당장은 그다지 화려한 스펙을 가지고 있지 못한다 하더라도 언젠가는 스스로의 힘으로 자신이 만족할 만한 위치까지 얼마든지 올라갈 수 있다. 무엇보다 저 세 가지가 적절한 조화를 잘 이루고 있는 사람은 사회적 성공은 물론, 자신의 행복을 위해 최선을 다할 수 있는 사람이다. 만약 당신이 단기간 동안 연애만 할 사람이 아닌 조금 더 긴 미래도 함께할 사람을 만나고 싶다면 저 세 가지는 반드시 파악해야 한다. 물론 그렇다고 해서 반드시 장밋빛 미래가 기다린다고 보장할 수는 없겠지만 적어도 스스로의 힘으로 미래를 잘 꾸려 나갈 수 있는 사람을 만난다면 최악의 상황이 닥친다 하더라도 당신의 연애는 크게 흔들리거나 좌초되지 않을 것이다.

지금 당신이 봐야 할 것은 스펙이나 외모가 아니다. 무엇보다 가장 먼저 그 사람의 내면을 파악하는 것이 우선이다.

헤어진 사람과
다시 만나도 괜찮을까?

07

DATE ▓▓▓▓▓▓▓▓▓▓

난이도 ○ ○ ○ ○ ○

복습횟수 □ □ □

핵심 키워드
헤어짐,
이별

틀린 이유
□ 주변 상황
□ 상대방 문제
□ 내 문제
□ 의견 차이
□ 성격 차이
□ 오해
□ 타이밍
□ 기타 (   )

Question

남자친구와 헤어진 지 석 달이 지났습니다. 그러나 우리는 서로 잊지 못하고 계속 서로를 그리워하다 결국 얼마 전 다시 만나게 되었습니다. 그런데 좀 이상해졌습니다. 한 번 헤어진 만큼 더 단단해질 줄 알았는데 오히려 전보다 더 소원해졌습니다. 한 번 헤어진 연인들은 다시 잘될 수는 없는 걸까요?

KeyPoint
✓ 헤어진 사람과 다시 만나고 싶다.
✓ 헤어진 연인들이 다시 잘될 확률은 얼마일까?

먼저 간단한 통계 하나를 이야기해 보자. 헤어진 연인들이 다시 만날 확률은 80퍼센트다. 하지만 이들 중 잘될 확률은 3퍼센트밖에 되질 않는다. 그러니까 10쌍의 연인이 헤어지면 8쌍은 다시 만나지만 이 8쌍 중에서 다시 잘되는 커플은 3쌍에 지나지 않는다는 얘기다. 이 통계만 봐도 알 수 있는 사실은 우리가 헤어졌다가 다시 만나는 건 흔히 일어나는 일이지만 그게 잘한 선택으로 이어질 확률은 극히 드물다는 것이다.

헤어지고 난 다음 가장 먼저 드는 생각은 아마 아쉬움이나 미련 혹은 허전함일 것이다. 이럴 줄 알았으면 그때 이렇게 할 것을 하는 후회와 함께 그 사람과 함께했던 모든 익숙함으로부터 결별하기가 결코 쉽지 않을 것이다. 그래서 우리는 다시 되돌릴까 생각한다. 한 번 뱉은 이별의 말을 다시 주워 담는 것이 영 불가능한 것은 아니기 때문이다.

하지만 늘 하는 얘기지만 ☆모든 헤어짐에 '그냥'은 없다. 반드시 이유가 존재한다. 그 헤어짐의 원인이 되었던 일이 무엇이냐에 따라 우리는 저 80퍼센트에서 3퍼센트로 갈 수도 있다. 하지만 대개는 80퍼센트까지는 가더라도 성공하지 못하는 나머지 97퍼센트의 어정쩡한 관계가 되어 버린다. 다시 만나긴 했지만 이건 사귀는 것도 그렇다고 완전하게 헤어진 것도 아니다. 심지어 서로 다른 사람을 만나면서도 상대를 마치 보험처럼 그렇게 뇌두는 경우도 생긴다.

한 번의 헤어짐이 영원한 이별로 이어지는 것은 무척 힘든 일이다. 우리는 서로 사랑했던 기억들, 함께했던 추억들이 너무 많은 연인들이기 때문이다. 그래서 '그 일'만 아니었다면 그걸로 내가 '문제'만 삼지 않았더라면 어쩌면 우리의 연애는 계속되었을 것이라는 착각을 한다. 하지만 정말 그랬을까?

불행하게도 그렇지 않다. 헤어짐이 어느 날 갑자기 예고 없이 쏟아지는 비처럼 느껴지겠지만 그 전에 분명히 전조들이 있다. 그런 모든 것들이 복합적으로 문제가 되어 헤어진 것이다. 그런데 단지 허전하다고, 이 사랑이 아직은 조금 더 지속되어도 괜찮을 것 같다는 생각에 다시 만나 본다 한들 결과는 크게 달라지지 않는다. 당장의 허전함은 해결이 될지도 모르겠지만 사람이 없어서 허전한 것과 옆에 사람이 있어도 공허한 것은 차원이 다른 문제이다. 허전함은 누군가를 만나면 해결이 가능하지만 함께 있어도 공허하고 예전 같지 않다면? 그렇다면 그때는 어떻게 할 것인가?

한 번 깨진 사랑을 다시 붙이기는 어렵다

도자기 이론이라는 것이 있다. 깨어진 도자기의 모든 조각을 다 찾아서 아무리 완벽하게 맞추어도 결국 그 도자기에 물을 담으면 물은 새어 나오게 되어 있다.

한 번 끝난 사랑은 깨어진 도자기와도 같다. 그래서 아무리 그 조각을 잘 찾아서 붙여 놓는다 하더라도 거기에 물을 담을 수는 없다. 이럴 바에는 차라리 처음부터 흙을 가지고 도자기를 새로 빚는 게 더 현명하지 않을까? 더구나 물이 새는 도자기라는 것을 알면서도 '새로운 누군가가 생길 때까지만'이라며 이별을 유보하는 것은 더 안 좋은 일이다.

나 역시 누군가와 헤어지고 나면 다시 만날 것을 생각한다. 이대로 헤어지기에는 너무 아쉽고 그가 없는 일상이 두렵기 때문이다. 하지만 다시 만날 때마다 언제나 결론은 하나였다. 저 3퍼센트 안에 드는 사람들은 극히 일부분이라는 것.

헤어짐의 원인이 완전히 해결되었다 하더라도 한 번 헤어진 사람들이 또 헤어지는 이유는 그만큼 헤어짐이 쉬워져 버렸기 때문이다. ☆한 번은 어렵지만 그다음부터는 얼마든지 또다시 헤어질 수 있다. 그리고 끝내 우리는 그 헤어짐에 익숙해져 버린다. 그다음부터는 습관적으로 이별을 하고 만나고를 반복하는 상황이 생기기도 한다.

헤어진 사람과 제대로 다시 시작하는 것도 아니면서 그냥 아쉬울 때 만나는 사이로 남겨 둔다면 어떻게 될까? 그들은 서로에게 연인이 없을 때는 그럭저럭 만날 것이다. 그러다 다른 누군가가 생기면 다시 관계는 소원해진다. 그러나 새로 시작한 연애가 끝나면 또다시 익숙한 서로를 찾게 된다. 이걸 연애라고 부를 수 있을까? 서로 허전할 때를 대비해서 옆에 붙여 놓는 사이. 이건 아무리 좋게 생각을 한다 하더라도 연애가 아니라 그저 서로의 허전함을 달랠 수 있는 가장 편리한 방법을 선택한 것밖에는 안 된다. 이런 사이가 되면 예전에 정말 사랑했던 기억들마저도 아무것도 아닌 것처럼 되어 버린다. 추억은 추억대로 망가지고 현실은 현실대로 엉망이 되어 버리는 것이다.

한 번의 헤어짐이 영원한 헤어짐이 된다는 것은 분명 슬픈 일이다. 위에서 말했던 것처럼 꽤 많은 사람들이 이런저런 이유로 헤어진 연인과 다시 만난다. 그러나 한 번 헤어진 사람들이 잘될 확률은 새로운 사람을 만나 다시 사랑할 확률보다 더 희박한 게 현실이다.

연인과 헤어졌는가? 그렇다면 그 사람과 다시 만나야 할 이유, 다시 만나서 잘되려면 무엇이 해결되어야 하는지를 꼭 생각해 보길 바란다. 단지 잊는 과정이 힘들다고 해서 다시 만난다면 그건 연애가 아니라 일종의 현실도피일 뿐이다. 언젠가는 회피했던 그 일을 해결해야 할 날이 올 것이다. 그러면 또다시 이별하고 만나고의 반복밖에는 되지 않는다. 헤어진 연인과 다시 만나기를 고려하고 있다면 우리가 얼마나 잘될 수 있을지 미리 생각해 봐야 한다.

소개팅을 믿지
말아야 하는 이유

08

DATE ░░░░░░░░░

난이도 ○○○○○

복습횟수 □□□

핵심 키워드
**소개팅,
주선**

틀린 이유
□ 주변 상황
□ 상대방 문제
□ 내 문제
□ 의견 차이
□ 성격 차이
□ 오해
□ 타이밍
□ 기타 (   )

Question

소개팅을 몇 번 했습니다. 그런데 한 번도 만족스러운 적이 없었어요. 주선자는 분명 잘 어울릴 거라고, 잘해 보라고 말했지만 나온 사람들마나 하나같이 제 타입과는 거리가 멀었죠. 이젠 소개팅에 대한 기대를 어느 정도는 접었습니다만 그래도 아직은 미련이 남네요. 소개팅에 나가서 잘될 확률이 있긴 있을까요?

KeyPoint

✓ 소개팅으로 연인을 만나도 될까?
✓ 어떻게 소개팅 성공 확률을 높일 수 있을까?

남자친구가 있다가 없건 아니면 솔로 생활을 오래 했건 우린 가장 손쉽게 새로운 연애를 할 수 있는 방법으로 소개팅을 택한다. 소개팅의 장점은 일단 내 지인의 아는 사람이기에 어느 정도 검증은 되어 있는 상황이라는 것. 또 무엇보다 상대도 확실한 솔로 상태이고 일단 소개팅에 나왔다는 건 누군가를 만나겠다는 의지가 있다는 얘기기 때문에 적어도 혼자 헛물켜는 일이 없다는 것이다.

나 역시 몇 번 정도 소개팅을 해 본 적이 있다. 반대로 누군가에게 소개팅을 시켜 준 적도 있다. 하지만 두 가지 다 해 본 결과 소개팅? 난 별로 믿을 게 못 된다고 말하고 싶다.

소개팅의 함정

소개팅은 같은 동성이 시켜 주는 경우가 제일 많다. 그렇다면 그 동성 또한 내가 소개팅을 받을 사람과 얼마든지 썸씽이 있을 수 있는 사이라는 것. 그런데 왜 아무 일도 일어나지 않았을까? 그렇게 괜찮은 사람이라면 왜 자기가 사귀지 않고 나에게 소개를 시켜 주는 걸까?

동성 친구가 소개팅을 시켜 주는 남자는 한 마디로 남 줘도 아까울 것 하나 없는 남자다. 흔히 여자들이 말하는 내가 하기에는 좀 그렇고 남 주기에는 아까운 남자 정도도 못 된다. 만약 그렇다면 소개팅을 시켜 줄 것이 아니라 내 지인으로만 남겨 둘 것이다.

물론 말은 그렇게 할 것이다. 정말 괜찮은 남자라고, 내가 지금 남자친구만 없었으면 그 사람이랑 어떻게 해 봤을 거라고, 내가 오래 지켜봐서 아는데 진짜 좋은 남자라고.

근데 이게 전부 다 진심일까?

우리 좀 솔직해져 보자. 정말 좋고 괜찮은 사람이라면 옆에 연애 상대가 있어도 얼마든지 만날 수 있다. 이건 바람피우는 걸 찬성하고 하지 않고의 문제가 아니라 가능성의 문제다. 기혼이라면 또 모를까 미혼이라면 한꺼번에 한 명 이상의 이성을 만난다고 해서 법적으로나 무엇으로 보나 전혀 문제가 될 것이 없다. 물론 도의적으로는 양심에 가책을 느낀다든지 하는 문제가 있지만 그건 어디까지나 마음의 문제이지 실제로 문제가 될 것은 없다. 만약 양다리를 걸치거나 바람을 피우는 것은 절대 있을 수 없는 일이라 생각한다 하더라도 방법이 없는 것은 아니다. 지금 남자친구와 헤어지면 그만이다. 더 좋은 남자가 있는데, 더구나 그 사람이 싱글이고 나와도 잘 아는 사람이라면 도대체 못 사귈 이유가 뭔가?

만약 정말 친한 친구로만 지낸 남자라면 그 사람이 좋은 사람일지는 몰라도 좋은 남자인지는 알 길이 없다. 1 대 1로 만나면 세상에 나쁜 사람 아무도 없다. 특히나 동성이 아닌 이성끼리라면 어지간해서는 서로 얼굴 붉히거나 싸울 일이 없다. 그러니 당연히 좋은 사람일 수밖에. 하지만 좋은 남자, 이건 알 수 없는 일이다. 막상 사귀기 전에는 그 사람의 남자로서의 매력이나 장단점을 알 길이 없기 때문이다.

좋은 남자는 소개팅에 나오지 않는다

소개팅의 함정은 또 하나 존재한다. 바로 대부분의 여자들은 질투의 화신이라는 것이다.

우린 사촌이 땅을 사면 배가 아프지 않다. 그러나 내 친구에게 근사한 남자친구가 생기거나 그 남자가 심지어 잘생기고 누가 봐도 괜찮은 남자이기까지 하면 그때부터 생리 때와는 비교도 안 될 만큼 배가 아프다. 어딜 봐도 나보다 별로인 것 같은 내 친구가 대체 무슨 재주로 저런 남자를 만났나 싶고 그녀보다 훨씬 더 괜찮은 나는 왜 남자가 안 생기나 한다. 겉으로는 축하한다 좋겠다 등등의 말을 연발하지만 그게 진심이려면 나에게도 잘생기고 근사한 남자친구가 있을 때나 그렇지 내가 솔로일 때라면 어지간해서는 힘든 일이다. 착한 내 친구는 절대 그럴 리 없다 믿고 싶겠지만 아무리 착하고 절친한 친구 사이라 하더라도 남자 문제만큼은 서로 양보를 못하는 게 여자다.

소개팅 중에서 제일 위험한 것은 같은 솔로가 시켜 주는 소개팅이다. 이건 말 그대로 그냥 나가서 폭탄을 맞을 각오를 하고 나가는 게 좋다. 연애 상대가 있어도 괜찮은 남자라면 자기가 사귈판국에 현재 자기도 솔로고 싱글이라 외로운데 '좋은 남자'를 내 싱글인 동성 친구와 소개팅을 시켜 주겠다고? 평생 모태 솔로로 살기로 작정을 한 게 아니라면 그런 일은 일어나지 않는다.

그럼 동성이 아닌 이성이 시켜 주는 소개팅은 어떨까? 그건 소개팅 주선자가 나를 여자로 보지 않을 때나 가능한 일이다. 남자도 여자와 마찬가지로 내가 사귀기엔 뭣하고 그렇다고 남 주기는 아까운 여자는 절대 남에게 주지 않는다. 즉 내 친한 남자친구가 내게 소개팅을 시켜 주겠다고 한다면 나는 남에게 줘도 아깝거나 아쉬울 것이 하나도 없다는 얘기이므로 그 친구의 친구에게도 마찬가지로 그냥 아는 여자가 되어 버릴 가능성이 농후하다.

끝으로 소개팅이 위험한 이유는 상대방의 입에서 나오는 그 사람에 관한 정보 때문이다. 사람은 직접 만나서 알아 가야 하는데 여자들은 미리 그 정보를 말로 다 전달한다. 여태까지 자기가 봐 온 그 사람의 장점에 대해 혹은 특징에 대해 끝도 없이 말해 준다. 소개팅을 시켜 주려는 마당에 나쁜 것들을 얘기할 리는 없다. 때문에 소개 받는 입장에서는 환상이란 이름의 풍선이 터지기 직전까지 부풀어 오른다.

☆물론 소개팅을 통해 연애를 하는 케이스는 많다. 하지만

그보다 망한 소개팅의 케이스가 더 많다는 사실을 잊지 말자. 그러나 우리 이제부터 좋은 남자를 소개팅으로 만나겠다는 기대를 조금은 접도록 하자. 소개팅은 반반의 가능성도 가지지 못하는, 그보다 더 희박한 성공 확률을 갖고 있으니까.

이젠 연애 말고
결혼을 하고 싶다면

DATE |||||||||||||||||||||||

난이도 ○ ○ ○ ○ ○

복습횟수 ☐ ☐ ☐

핵심 키워드
**연애,
결혼**

틀린 이유
☐ 주변 상황
☐ 상대방 문제
☐ 내 문제
☐ 의견 차이
☐ 성격 차이
☐ 오해
☐ 타이밍
☐ 기타 (   )

Question

연애를 하면서 결혼을 생각하지 않을 수가 없는 나이가 되었습니다. 그런데 항상 이 두 가지를 연관시켜 생각할 때마다 늘 실패를 했던 것 같습니다. 결혼과 연애, 아예 따로 두고 생각을 해야 하는 걸까요?

KeyPoint
✓ 이제 연애는 그만! 결혼으로 정착하고 싶다.
✓ 언제쯤 결혼을 생각하면 좋은 걸까?

연애의 목적을 이야기하자면 그건 아마 사랑일 것이다. 그리고 사랑하게 되면 모두 다 그런 건 아니겠지만 결혼을 고려해 볼 수도 있는 일이다.

하지만 연애가 좀처럼 결혼과 잘 연결이 되지는 않는다. 그건 연애가 이벤트라면 결혼은 일상이며 연애는 조건 없이도 가능한 것이지만 결혼은 우리가 생각하는 것보다 조건이 훨씬 더 중요하게 작용하기 때문이다.

알다시피 결혼은 어느 한 사람만 좋다고 할 수 있는 것은 아니다. 또 당사자들이 결혼에 대해 긍정적이라 하더라도 결혼에는 여러 가지 다른 관계들이 새롭게 형성이 된다. 즉, 여자에게는 '시댁'이라는 것이 생기고 남자에게는 '처가'라는 것이 생긴다. 연애를 할 때는 상대의 가족까지 굳이 생각할 필요가 없었겠지만 결혼은 그렇지 않다는 얘기다.

결혼과 연애가 따로따로인 거냐고 묻는다면 그 두 가지는 전혀 다른 문제라는 이야기를 해야 할 것 같다.

☆ 연애는 서로 좋아하기만 한다면 얼마든지 가능하다. 하지만 결혼은 그렇지 않다. 해서 우리는 결혼을 위해 맞선을 보기도 하고 때로는 결혼 정보 회사 같은 곳에서 서로 조건이 잘 맞는 사람들을 소개 받기도 하는 것이다.

위에서도 말했지만 결혼에 있어 중요한 것은 그 사람과 얼마나 좋아하는가보다는 오히려 함께 일상을 하기 위한 조건이 얼마나 잘 맞는가가 훨씬 더 중요할 수도 있다.

당신이 연애를 하면서 결혼까지 생각하고 있다면 그 생각을 실제와 연결시키기란 무척 어려운 일이었을 것이다. 왜냐면 남자는 일단 '결혼'이라는 말을 들으면 부담부터 느끼기 때문이다.

사실 결혼을 준비할 때는 여자 쪽에서 훨씬 더 많은 부담과 압박감을 느끼지만 오히려 결혼이라는 단어 자체에서 오는 부담감은 남자가 훨씬 더하다고 볼 수 있다.

아직까지 남자는 결혼을 하면 여자와 그들 사이에서 태어날 아이를 모두 책임질 수 있어야 한다는 생각이 지배적이기 때문이다.

사실 여자 쪽에서도 이런 것들을 고려하지 않을 수가 없다. 설사 결혼을 해서 같이 맞벌이를 한다 하더라도 일단은 남자의 능력을 보는 것에 소홀할 수는 없는 문제이기 때문이다.

우리가 결혼 상대를 고를 때 고려해야 할 것들

지금까지 연애만 생각했던 당신이 앞으로는 연애를 하면서 결혼까지도 고려하고 싶다면 어떻게 해야 하는지 살펴보도록 하자.

먼저 두 사람의 신뢰가 얼마나 두터운지에 대해 고려해야 한다. 결혼이라는 것은 서로에 대해 깊은 신뢰가 형성되어 있지 않으면 결국 때가 되어 적당한 사람과 대충 결혼하는 것에서 절대 벗어나지 못한다. 다른 무엇보다 먼저 고려해야 할 것은 내가 이 사람을 얼마나 믿는지, 그리고 상대 역시 그러한지에 관한 것이다. 이 사람이라면 어떤 어려운 일이 있더라도 함께 헤쳐 나갈 수 있다는 믿음과 신뢰가 없다면 결혼 자체가 불가능할 수도 있다. 생각보다 이 신뢰가 부족해서 결혼을 준비하는 과정에서 파토가 나는 커플이 많다는 것은 이 부분이 얼마나 중요한지를 말해 준다.

다음으로 살펴야 할 것은 남자의 책임감이다.

책임감이야말로 결혼생활을 이끌어 갈 수 있는 원동력이라고 해도 과언이 아니다. 연애가 큰 책임감 없이도 가능한 이유는 헤어지는 일이 결혼보다는 쉽기 때문이다. 하지만 결혼에는 우리가 생각하는 것보다 훨씬 더 큰 책임감이 따른다.

아마 결혼도 하기 전에 책임감에 대해 미리 알 수 있는 방법이 딱히 떠오르지 않을 것이다. 그렇다면 그 사람이 회사생활 등 자신이 속한 사회적 역할에 얼마나 충실한지를 보면 된다. 물론 이런 것들이 결혼 이후의 책임감과 반드시 직결되는 것은 아니지만 적어도 어느 정도는 가늠할 수 있는 잣대가 될 것이다.

먼저 결혼을 생각하기 전에 하나 짚고 넘어가야 할 것이 있다. 당신이 정말로 결혼에서 원하는 것이 무엇인지를 진지하게 생각해 보는 것이다. 그냥 이 남자를 너무 사랑한다든가 또는 사랑하기 때문에 늘 함께 있고 싶다 정도로는 부족하다.

남들도 다 하는 결혼이고 나 역시 결혼 적령기가 되었기 때문에 남자와 연애만 하는 것은 좀 그렇지 않나 하는 생각도 위험하다. 그런 이유로 하기에는 결혼이란 것이 너무 많은 희생과 인내, 그리고 생각보다 훨씬 더 긴 시간 동안 일종의 강제성을 갖고서라도 서로 함께해야 하는 것이기 때문이다. 어느 날 이 결혼이 아닌 것 같다고 해서 하루아침에 끝내 버릴 수는 없는 문제이다. 그렇다면 당신이 정말로 결혼을 원하는 정확한 이유를 먼저 알아야 한다.

　마지막으로 당신이 고려해야 할 것은 이 사람과 결혼을 하고 싶어서 결혼을 하는 것인지 아니면 서로 미혼인 상태에서 결혼 적령기에 만났기 때문에 자연스럽게 결혼으로 이어져야 한다고 생각하는가이다.

　여태 당신이 실패를 했다면 아마 후자의 이유였을 것이다. 차라리 조건을 따져서 선을 본 것이라면 저 이유가 훨씬 더 성공 확률이 높을 것이다. 하지만 연애를 해서 저런 상태까지 가는 것은 상당히 어려운 일이다. 오래 연애를 한다고 해서 결혼할 확률이 더 높아지는 것도 아니고 서로 사랑하는 마음의 크기가 꼭 결혼 이유의 영순위이지도 않기 때문이다.

　지금 당신이 연애 말고 결혼을 생각하고 있다면 일단 연애를 하기 전에 먼저 어느 정도는 고려를 하면서 사람을 만나길 바란다. 그러나 이제는 결혼할 사람을 만나야겠다고 생각한다고 해서

입맛에 꼭 맞는 남자가 나타나지는 않을 것이다. 다만 당신의 마음 상태가 연애보다는 조금 더 진지해진다는 것 정도만 기대하길 바란다.

감사의 글

언제나 나에게 내 사랑하는 딸이라 서슴없이 말해 주고 지지해 주는 아빠, 나와는 다르면서도 또 죽이 잘 맞는 내 사랑 마이 버터 플라이 환양, 책도 책이지만 내 개인사를 더 살펴 주시고 언제나 유쾌하신 이경원 편집장님, 편집 내내 신경 써 주시고 게으른 작가를 탓하지 아니해주신 강찬양 에디터님, 성실하고 한결같이 믿음직한 송 회계사님, 정작 지는 개판인 내 연애를 상담해준 나 가수와 원영언니, 미나 교수, 계약금 하나는 확실히 빠르게 챙겨 주시고 의리 넘치시는 애플북스 사장님, 영원한 나의 콘스탄틴이자 공감력으로 자라나게 해 주시는 김현철 정신과 전문의 선생님, 하는 일 없이 바쁜 나를 위해 한 보따리씩 싸들고 와서 피부 관리를 해 주는 연정, 내가 뜨기만을 학수고대하며 관련 서적을 보내 주곤 하는 착한 내 친구 서 교수, 만나면 좀 돌+아이 같이 놀긴 하지만 그래도 항상 즐거운 막내, 안면이 받쳐 공짜로 프로필 사진을 찍어 주시는 스튜디오 스카이 노 포토그래퍼님과 답 안 나오는 헤어를 환골탈태시켜 주시는 심 원장님, 커피 한 잔을 시켜 놓고 하루 종일 글을 쓰면 외려 안쓰러워하며 뭐라도 하나 더 챙겨 주시는 서울, 대구, 부산의 모 스타벅스 직원분들, 나를 믿고 내게 연애 상담을 해 준 분들과 지인들, 그리고 늘 나에게 영감을 주는 나의 모든 지난 연인들과 현재의 연인들…….

이 모든 분들이 없었더라면 이 책은 나오지 못했을지도 모릅니다. 혹여 빠지신 분이 있어도 마음속에는 모두 감사히 담아 두겠습니다.

끝으로 이 책으로 아무도 마음 아프거나 다치지 않기를 감히 진심으로 바랍니다.

2015년
따뜻한 봄날을 맞이하며
박진진

왜 나는 항상 연애가 어려울까

초판 1쇄 인쇄 2015년 3월 19일
초판 1쇄 발행 2015년 3월 26일

지은이 박진진
펴낸이 이범상
펴낸곳 (주)비전비엔피 · 애플북스

기획 편집 이경원 박월 윤자영 강찬양
디자인 최희민 김혜림 김경년
마케팅 한상철 이재필 김희정
전자책 김성화 김소연
관리 박석형 이다정

주소 121-894 서울시 마포구 잔다리로7길 12 (서교동)
전화 02)338-2411 | **팩스** 02)338-2413
홈페이지 www.visionbp.co.kr
이메일 visioncorea@naver.com
원고투고 editor@visionbp.co.kr

등록번호 제313-2007-000012호

ISBN 978-89-94353-97-5 03180

· 값은 뒤표지에 있습니다.
· 잘못된 책은 구입하신 서점에서 바꿔드립니다.

「이 도서의 국립중앙도서관 출판시도서목록(CIP)은 서지정보유통지원시스템 홈페이지(http://seoji.nl.go.kr)와
국가자료공동목록시스템(http://www.nl.go.kr/kolisnet)에서 이용하실 수 있습니다.(CIP제어번호: CIP2015008018)」